Henry Cloud
Auf der Spur des Glücks

Henry Cloud

Auf der Spur des *Glücks*

SCM Hänssler

SCM

Stiftung Christliche Medien

FSC
www.fsc.org
MIX
Papier aus verantwortungsvollen Quellen
FSC® C006701

SCM Hänssler im SCM-Verlag GmbH & Co. KG · 71088 Holzgerlingen
Internet: www.scm-haenssler.de; E-Mail: info@scm-haenssler.de

Originally published in English under the title: The Law of Happiness

Published by arrangement with the original publisher, Howard Books, a Division of Simon & Schuster, Inc.

Die Bibelverse sind, wenn nicht anders angegeben, folgender Ausgabe entnommen:
Neues Leben. Die Bibel, © der deutschen Ausgabe 2002 und 2006 SCM R.Brockhaus im SCM-Verlag GmbH & Co. KG, Witten.

Übersetzung: Dr. Friedemann Lux
Umschlaggestaltung: OHA Werbeagentur GmbH, Grabs, Schweiz; www.oha-werbeagentur.ch
Satz: typoscript GmbH, Walddorfhäslach
Druck und Bindung: CPI – Ebner & Spiegel, Ulm
Gedruckt in Deutschland
ISBN 978-3-7751-5352-2
Bestell-Nr. 395.352

Inhalt

Für meine Töchter, Olivia und Lucy.
Das Glück, das ihr bringt, lässt sich nicht ermessen.

Einleitung: Das Gesetz der Anziehung und die Spur des Glücks

Vor einigen Jahren eroberte das Buch *The Secret* von Rhonda Byrne die Welt im Sturm mit der Behauptung, dass der Schlüssel zum Leben und zum Glück in einer Kraft liege, die das »Gesetz der Anziehung« heißt. Das Buch ging davon aus, dass das gesamte Universum von diesem einen Prinzip gesteuert wird. Byrne behauptete, dass das Universum gleichsam auf unsere Gedanken reagiert und dass man durch die Kraft der Gedanken Glück an sich ziehen kann. Denkt man positive Gedanken, »antwortet« das Universum, indem es positive Ergebnisse erzeugt; denkt man dagegen negativ, führt dies zu negativen Ergebnissen. Millionen Leser waren begeistert von der Vorstellung, dass dieses eine Gesetz der Schlüssel zum Glück und zur Erfüllung all ihrer Wünsche sei. Und als Psychologe und Erfolgstrainer kann ich Ihnen bestätigen, dass Menschen, die positiv denken, mehr im Leben erreichen als Negativdenker.

Als Buch, das den Bereich der Spiritualität berührt, wirft *The Secret* eine ganze Reihe von Fragen auf über die Beziehung zwischen dem Gesetz der Anziehung und traditionelleren Vorstellungen über Spiritualität, Gott und dergleichen. Ich fand es damals spannend zu untersuchen, wo Byrnes Gedanken mit dem traditionellen Glauben übereinstimmen und was die klinische Praxis und Forschung zu diesen Themen zu sagen haben. Die Ergebnisse lösten viele positive Reaktionen aus.

So stellte mir meine Lektorin die Frage, worüber ich als Nächstes schreiben wollte. Welche Themen aus dem Bereich des persönlichen Wohlergehens gab es noch, die Überlappungen mit traditioneller Spiritualität und spiritueller Weisheit zeigten? Meine Antwort kam wie aus der Pistole geschossen: »Ich möchte etwas über das Glück schreiben.«

»Glück? Warum Glück?«, fragte sie.

Ich erklärte ihr, dass die Psychologen sich seit einigen Jahren intensiv mit der sogenannten »positiven Psychologie« beschäftigen. Vor etlichen Jahren erklärten Martin Seligman (damals Präsident der American Psychological Association) und andere, dass die Psychologie zwar große Fortschritte in der Erforschung der »negativen« Seite des Lebens (also Depressionen, Traumata, Ängste u.a.) gemacht, aber relativ wenig Zeit in die Untersuchung des »Positiven« im Leben gesteckt hatte. Themen wie Glück, Zufriedenheit, Stärken etc. hatten, vor allem in der Wissenschaft, einfach nicht dasselbe Interesse gefunden. Und die Forscher hörten diesen Ruf und krempelten die Ärmel hoch.

Das Ergebnis ist eine wahre Flut empirischer Studien, die viel neues Licht auf solche Fragen geworfen haben wie: »Was ist Glück?« – »Kann man sein Glück und seine Zufriedenheit steigern?« – »Haben wir unser Glück im Griff?« Diese Studien haben in der Tat zu Antworten geführt. Wir wissen heute nicht nur aus unserer Erfahrung, sondern auch aufgrund von wissenschaftlichen Befunden eine ganze Menge darüber, woher das Glück kommt und was für Lebensstile und Verhaltensweisen es sind, die unser Wohlergehen steigern.

Gerne hätte ich über diese Glücksforschung geschrieben und wie sie auf unser Leben anzuwenden ist, doch das haben bereits andere getan, und warum noch ein Buch schreiben, wenn es schon so viele gute Bücher gibt? Aber als ich mich mit der positiven Psychologie beschäftigte, passierte mir etwas, das den Wunsch in mir hochkommen ließ, ein Buch über das Glück zu schreiben.

Mit jeder neuen Entdeckung über die positiven Seiten des Lebens, die ans Licht kam, stieg meine Begeisterung für das Thema. Die Ergebnisse deckten sich eindeutig mit meiner persönlichen und beruflichen Erfahrung. Die Lektüre war ein richtiger Genuss. Aber da war noch mehr.

Meine Lektüre war nicht nur ein wissenschaftliches, sondern auch ein spirituelles Erlebnis. *Als ich die Forschungsergebnisse las, glaubte ich, die Bibel zu lesen.* Es war gerade so, als ob eine unsichtbare Hand die Ergebnisse nahm, die Bibel auf sie legte, und siehe da, Forschung und Bibel deckten sich perfekt. Wieder und wieder sagten diese seriösen Wissenschaftler genau dasselbe wie die alten Weisheitsschriften der Bibel. In einer Studie nach der anderen glaubte ich, Mose, Salomo, Jesus und Paulus zu hören, als ich las, dass Glück und Zufriedenheit nicht aus unseren äußeren Umständen, unserem Bankkonto, unserem materiellen Besitz oder unserem beruflichen Erfolg kommen, sondern im Prinzip daraus, wie wir unser Leben leben und in was für Aktivitäten wir unser Herz, unser Denken, unsere Seele und unsere Kräfte investieren.

Dies ist also der Grund, warum ich dieses Buch über das Glück schreiben wollte, denn der Glaube ist eng mit unserem natürlichen Leben verflochten. Die Bibel hat viel über »positives Denken« und das Gesetz der Anziehung zu sagen, aber sie hat noch mehr darüber zu sagen, wie man glücklich und erfüllt wird. Eines meiner Lieblingsworte, das wir in der Bibel wieder und wieder finden, ist das hebräische *Shalom*, das (unter anderem) Frieden, Glück, Wohlbefinden, Ganzheit, Erfüllung und Wohlergehen bedeutet – also mehr oder weniger das, was wir meinen, wenn wir sagen, dass wir »glücklich« werden wollen. Kurz: Wir können sicher sein, dass unser Glück und

Wohlergehen unserem Schöpfer immer schon wichtig gewesen ist.

Und es ist ihm auch wichtig, dass wir wissen, wie wir diesen *Shalom* finden: *indem wir unser Leben so leben, wie er es sich gedacht hat.* Und hier haben mich die Forschungsergebnisse so beeindruckt. Sind sie doch buchstäblich der wissenschaftliche Beweis dafür, dass der Weg zum Glück genau der Weg ist, auf den Gott uns seit langer, langer Zeit ruft. Glück und Zufriedenheit sind ein Nebenprodukt eines »richtig gelebten Lebens«, und ich möchte in diesem Buch die beiden Dinge darstellen, die ich aus diesen Forschungsergebnissen gelernt habe.

Erstens: Es ist möglich, »glücklich zu werden«; es gibt Prinzipien und Praktiken, die dies zeigen. Und zweitens: Diese Prinzipien und Praktiken, das »Gesetz des Glücks«, sind genau die, die Gott uns in seinem »Gesetz«, der Bibel, zeigt. In der alttestamentlichen Thora (»Unterweisung«) und den ganzen Rest der Bibel hindurch zeigt er uns das »Gesetz des Glücks« – und heute wird das, was die Bibel immer schon gesagt hat, von der Wissenschaft bestätigt. Für mich war dies eine echte Entdeckung, und ich hoffe, dass es Ihnen genauso geht – dass Sie einmal mehr sehen, wie Glaube und Wissenschaft zusammenkommen.

Und jetzt schauen Sie sich zusammen mit mir an, was die Wissenschaft und die spirituelle Weisheit uns darüber zeigen, wo das Glück herkommt. *Shalom.*

Die Wissenschaft vom Glück

Mein Mitmoderator unserer Radioshow *New Life Live!* strahlte vor Begeisterung, als ich eines Tages kurz vor Beginn der Sendung meinen Minicomputer hervorholte. »So was hab ich mir gerade auch zugelegt! Ich kann's gar nicht erwarten, es endlich zu benutzen! Ich hab gehört, die Dinger sind die reinsten Zauberkästen!«

»Wie meinst du das – ›ich kann's nicht erwarten‹?«, fragte ich ihn. »Wenn du das Ding schon hast, warum benutzt du es noch nicht?«

»Irgendwas ist nicht in Ordnung, ich hab schon 'nen Termin beim Service. Als ich den Computer zu Hause ausgepackt hatte, wollte er einfach nicht hochfahren. Da muss ich ihn halt gleich reparieren lassen.«

»Das ist aber komisch«, sagte ich. »Dass ein nagelneuer Computer noch nicht mal hochfährt, das gibt's eigentlich nicht. Was hast du denn gemacht?«

»Na, ich hab die Tasten da unten gedrückt, erst einzeln und dann zusammen. Hab's x-mal versucht, aber das Ding hat überhaupt nicht reagiert.«

»Echt komisch«, sagte ich. »Aber warum hast du diese Tasten gedrückt? Das sind die Maustasten. Hast du auch die hier oben in der Ecke versucht?«

»Oh, die hab ich noch gar nicht gesehen.« Er schaute mit zusammengekniffenen Augen auf die Taste. »Was macht die?«

»Schau her«, sagte ich. Ich drückte die Einschalttaste und der blaue Startbildschirm erschien, die vertrauten Soundeffekte erklangen und mein Freund starrte mich ungläubig an. »Was hast du da gemacht?«, fragte er.

»Ich hab das Ding eingeschaltet«, erwiderte ich. »Wenn man das macht, funktioniert es gleich besser.«

Was haben der neue Computer meines Kollegen und das Glück gemeinsam? Nun, eine ganze Menge.

Die Forschung ist dabei, etwas sehr Wichtiges über das Glück zu lernen: *Wir sind dazu verdrahtet, glücklich zu werden, aber bei unseren Versuchen, das Glück einzuschalten, drücken wir ständig die falschen Tasten.*

Wie oben schon erwähnt, hat sich die Psychologie über hundert Jahre lang meist nur dort für das Glück interessiert, wo es durch Abwesenheit glänzte. Ihr Interesse galt vor allem unseren Wunden, Schmerzen, Depressionen und Ängsten: »Warum leiden wir und was kann der Doktor daran ändern?« Und wie die Forschung zeigt, hat die Psychologie dabei einen ganz guten Job gemacht. Wir wissen heute, wie man Depressionen, Angstzustände, Süchte und andere Dinge behandelt, und die Ergebnisse sind vielversprechend. Wenn Sie eines dieser Probleme haben, gibt es Hilfe für Sie, und ich kann Ihnen nur wärmstens empfehlen, kompetente psychologische und psychiatrische Hilfe zu suchen. Ich möchte, wenn ich hier über das Glück schreibe, nicht den Eindruck erwecken, dass ich meine Augen vor den sehr realen Schmerzen und Nöten im Leben verschließe.

Aber wie ist das mit der Sonnenseite des Lebens? Gibt es mehr im Leben, als nicht depressiv oder unglücklich zu sein? Die Wissenschaftler haben herausgefunden, dass gerade so, wie ein Computer funktioniert, wenn man ihn richtig einschaltet, wir Menschen glücklicher werden, wenn wir »die richtigen Knöpfe drücken«. Unser Gehirn beginnt dann, chemische Stoffe abzusondern, die unser Wohlbefinden und unse-

Die Menschen sind so verdrahtet, dass sie dann, wenn sie »die richtigen Knöpfe drücken«, glücklicher werden.

re Gesundheit heben, ja, wir verdienen buchstäblich mehr Geld, unsere Beziehungen werden besser, unsere Ehen erfüllender und unser Leben länger und alles in allem fühlen wir uns besser und, ja, glücklicher. Und das Tolle ist, das wir inzwischen eine ganze Menge darüber wissen, wo genau diese »Einschalttasten« liegen und wie man sie richtig betätigt.

Wenn man die falschen Knöpfe drückt

Leider wissen wir oft nicht, wo die richtige Einschalttaste ist, und so drücken wir die falschen, in der Hoffnung, nur einen Klick vom Glück entfernt zu sein. Wir schauen uns Talkshows im Fernsehen an, in der Erwartung, dass die Experten, die da interviewt werden, die Antworten haben, die wir brauchen. Oder wir glauben, dass wir dann, wenn wir diese Diät ausprobieren oder jenem Illustriertenartikel folgen oder dieses Produkt kaufen, das die Werbung so anpreist, ins Land des Glücks gelangen werden. Wir sind nur einen Klick entfernt von dem großen Ziel ... oder?

Wir tappen in hundert Denkfallen. Zum Beispiel diese:

- Wenn ich nur ein bisschen mehr Geld verdienen würde, wäre ich glücklich.
- Wenn ich nur die Frau/den Mann meines Lebens finden und heiraten könnte, wäre ich glücklich.
- Wenn ich diese Beförderung bekäme, wäre ich glücklich.
- Wenn ich endlich ein eigenes Haus hätte, wäre ich glücklich.
- Wenn ich in der Stadt XY wohnen könnte, wäre ich glücklich.
- Wenn ich diesen neuen Elektroherd (Auto, Computer, was auch immer) hätte, wäre ich glücklich.

- Wenn ich endlich mein Meisterdiplom (meinen Doktor, was auch immer) hätte, wäre ich glücklich.
- Wenn ich zehn Kilo abnehmen könnte, wäre ich glücklich.
- Wenn ich schön wäre, wäre ich glücklich.
- Wenn wir in dieses andere Viertel ziehen könnten, wäre ich glücklich.
- Wenn ich reich wäre, wäre ich glücklich.
- Wenn ich berühmt wäre, wäre ich glücklich.

Die Forschung wie die alten Weisheiten der Religion zeigen uns, dass viele dieser Dinge durchaus ihren Wert haben, aber dass keines von ihnen uns *auf Dauer* glücklich machen kann. Das ist das, was ich mit den »falschen Knöpfen« meine. Das meiste von dem, was wir wirklich brauchen, um uns besser zu fühlen, liegt sozusagen vor unserer Nase, aber oft wissen wir nicht, wo der richtige Knopf ist, und so drücken wir weiter die falschen.

Warum die Freude oft so kurz ist

Es gibt mindestens drei Gründe, warum das neue Haus, die Beförderung, die neue Beziehung, das größere Bankkonto und all die anderen Dinge in der obigen Liste uns nicht dauerhaft glücklich machen.

Grund Nr. 1: Unsere äußeren Umstände haben nicht die Macht, uns glücklich zu machen

Wenn Sie die Liste oben durchgehen, werden Sie sehen, dass alle diese Wünsche (und noch viele andere) mit unseren äußeren Umständen zu tun haben. Es sind »Zustände«, in denen wir uns befinden, wie: reich oder arm, mit Doktortitel oder ohne, Mieter oder Hausbesitzer, dick oder schlank. Diese Dinge können sich jederzeit ändern, vor allem aber liegen sie »außerhalb« von uns. Was haben die Glücksforscher über unsere äußeren Umstände herausgefunden? Die Antwort ist überraschend, vor allem für eine Kultur wie die unsere, die geradezu besessen ist von solchen »Wenn ich nur …, dann wäre ich glücklich«-Listen: *Unsere äußeren Umstände machen nur etwa 10 Prozent unseres Glücklichseins aus.*[1]

Es stimmt: Wenn die lang ersehnte Beförderung oder das neue Auto endlich da ist, bringt uns das Glücksgefühle – nun ja, eine Zeit lang. Aber die Wissenschaft hat festgestellt, dass dieses Glück oft nicht halb so groß ist, wie wir uns das vorgestellt hatten. Die Gegenstände und Situationen in unserem Leben haben die Macht, uns glücklicher zu machen – aber nur ein bisschen und, wie wir gleich sehen werden, nur für kurze Zeit. Wie mein Vater mir immer sagte: »Junge, Glück kannst du nicht mit Geld kaufen. Aber du kannst einen großen roten Cadillac kaufen, um dem Glück hinterherzufahren.«

Mit anderen Worten: Geld ist nicht schlecht und ein schönes Eigenheim auch nicht. Aber erwarten Sie lieber nicht, dass diese Dinge Sie glücklich machen. Ich weiß noch, wie mein Vater seinen ersten Cadillac kaufte. Es war ein glücklicher Tag für ihn, aber mein Berufsalltag als Psychologe hat mir gezeigt, dass das Glück, das mein Vater schlichtweg durch seinen Lebensstil in diesen Tag »einbrachte«, viel stärker war, als dieses Auto je hätte bringen können. Dieses Auto war nichts als ein fahrbarer Untersatz, der ihn schnell und bequem zu den diversen Aktivitäten seines Lebens brachte, die ihm bisher schon echtes, bleibendes Glück beschert hatten und dies mehr oder weniger für den Rest seiner schließlich fast 94 Jahre weiter taten.

Es ist heute also wissenschaftlich erwiesen, dass unsere Umstände nicht die Macht haben, uns glücklich zu machen, aber wenn Sie einmal nachdenken, werden Sie merken, dass

Sie das eigentlich schon längst wussten. Schauen Sie sich nur die Schlagzeilen der diversen Illustrierten in Ihrem Zeitungsladen oder vor der Supermarktkasse an, und Sie sehen lauter reiche, schöne, schlanke, erfolgreiche und berühmte Menschen, die alle todunglücklich sind – kaputte Beziehungen, Drogenmissbrauch und dergleichen, bis hin zum Selbstmord. Wenn unsere äußeren Umstände uns wirklich glücklich machen könnten, gäbe es diese traurigen Schlagzeilen nicht. Und die andere Seite der Münze ist dies: Wenn unser Glück von unseren Umständen abhängen soll, warum gibt es dann so viele glückliche Menschen, die viele dieser schönen Sachen *nicht* haben? Studien haben gezeigt, dass Reiche und Normalverdiener sich in ihrem Glücklichsein nicht sonderlich unterscheiden; ist ein bestimmtes Maß an Sicherheit und Lebensstandard erreicht, bringt noch mehr Geld kaum noch mehr Glück.[2]

Grund Nr. 2: »Äußeres« Glück währt nicht lange

Die psychologische Forschung zeigt uns noch etwas über das Glücklichwerden durch Erreichen irgendwelcher äußerer Dinge oder Umstände: *Es ist nicht von Dauer*. Es hat ein frühes Verfalldatum. Unsere äußeren Umstände und Leistungen machen also nicht nur einen recht kleinen Teil unseres Glücklichseins aus, sondern das bisschen, das sie uns bringen, ist auch schnell wieder vorbei. Woran liegt das?

Nun, es scheint, dass jeder von uns eine Art »Glücks-Sollwert« hat, ähnlich dem Temperatur-Sollwert bei einem Thermostat.[3] Nehmen wir an, Ihr Glücks-Sollwert, wie er sich aus anderen Faktoren als Ihren äußeren Umständen ergibt, liegt bei 70. Dann kriegen Sie das neue Haus und springen von 70 auf 80, vielleicht sogar einen Tag lang auf gefühlte 100. Etwas ganz Ähnliches passiert im ersten Rausch des Verliebtseins; dann sind sogar Werte über 100 möglich (was so manche Verrücktheiten im Verhalten von frisch Verliebten erklärt). Aber ob es das Haus, die Beförderung oder die Frau der Träume ist – die Wissenschaftler versichern uns, dass wir recht bald wieder auf unserem alten Glückswert sind. Wir kehren zu unserem »Sollwert« zurück. Man nennt dies auch die »hedonistische Tretmühle«, und sie ist der Grund für das uns allen vertraute Phänomen, dass sich in unserer Rumpelkammer so viele Dinge stapeln, die wir irgendwann einmal unbedingt haben mussten und die dann ihre Macht verloren haben und jetzt nur noch Staubfänger sind. Oder dass das neue Spielzeug, das unserem Kind unter dem Weihnachtsbaum glänzende Augen gemacht hat, ein paar Monate später unbenutzt in irgendeiner Ecke herumliegt.

Ich weiß noch, wie es war, als ich meine Doktorarbeit schrieb. Ich dachte damals: Wenn du deinen Doktor hast, beginnt ein neues Leben. Was konnte man nicht alles machen mit so einem Titel, was war er nicht für ein Türöffner ... Dann hatte ich meinen Doktor und fühlte mich auf Wolke sieben, als ich meine Stelle in der Klinik antrat und alle mich »Herr Doktor« nannten. Das ging ein paar Tage so und seitdem habe ich nicht mehr groß über meinen Titel nachgedacht. Ob man mich nun »Henry« nannte oder »Dr. Cloud«, ich war immer noch ich, und mein Glück hatte mehr damit zu tun, ob ich das Gesetz des Glücks befolgte als mit meinem Titel. Fassen wir zusammen: *Das Glück, das äußere Dinge oder Umstände uns bringen, ist nicht von Dauer.*

Grund Nr. 3: In der Zeit, in der wir den Dingen nachjagen, die uns nicht glücklich machen können, lassen wir die links liegen, die uns glücklich machen können

Dies ist sozusagen das logische Gegenstück zum Grund Nr. 1. Die diversen Dinge in der »Wenn ich nur ...«-Liste haben nicht die Macht, uns glücklich zu machen, aber solange wir auf diese Dinge starren, übersehen wir die Dinge, die uns wirklich glücklich machen. Das ist so ähnlich wie die Sache mit der richtigen Diät. Wenn Sie nur von Pommes und Schokolade leben, ist das für Ihre Gesundheit nicht nur nicht förderlich (wahrscheinlich sogar schädlich), sondern Sie kriegen auch nicht die Stoffe, die Ihr Körper braucht, um fit und gesund zu sein. So wie Ihr Körper ganz bestimmte Stoffe braucht, um auf der Höhe zu sein, brauchen Ihr Herz, Ihr Denken und Ihre Seele ganz bestimmte Praktiken und Gewohnheiten, um glücklich zu werden.

Wenn meine beiden Mädchen Fußball spielen gehen und vorher zum Frühstück nur Pfannkuchen mit Zuckersirup essen wollen, haben sie zwei Probleme. Erstens: Was sie da essen wollen, hilft ihnen nicht, besser Fußball zu spielen; irgendwann in der zweiten Halbzeit wird ihr Blutzuckerspiegel so absacken, dass sie furchtbar schlapp werden. Und zweitens: Wenn sie selber entscheiden könnten, würden sie die guten Proteine und komplexen Kohlehydrate, die ihnen Energie für den ganzen Tag geben, nicht zu sich nehmen. Ganz ähnlich gibt es »Glücksdiäten«, die uns helfen, besser durchs Leben zu kommen. Aber wenn wir uns auf die falschen Dinge konzentrieren, werden wir die richtigen nicht tun.

Mathematik des Glücks

Aus zahlreichen Untersuchungen wissen wir mittlerweile, aus welchen Faktoren sich unser Glücklichsein zusammensetzt. Hier sind sie:

Wie oben schon erwähnt, tragen die äußeren Umstände nur etwa 10 Prozent zu unserem Glück bei. Wenn das Leben es gut mit Ihnen meint, gibt Ihnen das Auftrieb, und wenn es nicht so gut läuft, fühlen Sie sich schlechter. (Letzteres ist zu unterscheiden von Schicksalsschlägen und traumatischen Begebenheiten, die uns in ein schwarzes Loch des Schmerzes werfen können.) Dies sind die ersten 10 Prozent der Ursachen für unsere Befindlichkeit.

Der nächste Faktor kommt aus unserer inneren Verdrahtung, also aus genetischen, charakterlichen und konstitutionellen Gegebenheiten. Er dürfte etwa 50 Prozent zu unserem Glückswert beitragen.[4] Gehen Sie in eine beliebige Kindergartengruppe und Sie sehen die Unterschiede im Glücklichsein. Einige Kinder scheinen von Natur aus zufrieden mit der Welt zu sein, während andere deutlich mehr Probleme haben! Wenn die Kinder älter werden, zeigt sich ihre angeborene Prägung noch deutlicher. Sie sind alle verschieden – und wir sind auch verschieden. Auch Sie haben gewisse genetische Faktoren in Ihr Leben mitgebracht, die ihren Einfluss auf Ihre Stimmungen und Ihr Wohlbefinden haben.

Und jetzt die absolut gute Nachricht:

Die restlichen 40 Prozent, die unser Glücklichsein ausmachen, kommen aus Dingen, die wir direkt kontrollieren können: unserem Verhalten, unseren Gedanken und unseren bewussten Gewohnheiten und Praktiken. Es sind die Dinge, die wir »absichtlich« machen. Worauf ich meine Aufmerksamkeit richte, in was ich meine Kraft investiere und was in mir vorgeht – all dies hat die Macht, mich glücklich zu machen. Dies sind Faktoren, die Sie, und nur Sie, unter Kontrolle haben.[5]

Gott will unser Bestes – und wir?

Wir stehen also vor einer Entscheidung. Oder, besser gesagt, einem ganzen Leben voller Entscheidungen. Augenblick um Augenblick, Tag für Tag, Jahr um Jahr, Jahrzehnt um Jahrzehnt schaffen unsere Entscheidungen eine Richtung. Oder anders herum: Unsere Entscheidung für eine Richtung prägt alle unsere Einzelentscheidungen. Und diese Richtung, in der wir unser Leben leben, können wir selber bestimmen. Wir alle haben die Wahl: Wollen wir so leben, dass wir glücklich werden, oder wollen wir weitermachen auf dem Weg, der uns, wie unsere Erfahrung und die Wissenschaft uns zeigen, nie Erfüllung bringen wird?

Was uns zu einer Frage führt. Wenn es nichts bringt, all unsere Zeit und Kraft in die 10 Prozent zu stecken, als ob dort der Schlüssel zum Glück läge, warum, um alles in der Welt, machen wir es dann trotzdem? Warum denken wir: »Wenn ich nur ... dann wäre ich glücklich«?

Nehmen wir Rachel. Rachel war ledig und fest davon überzeugt, dass ihr Leben erst anfangen würde, wenn sie verheiratet war. Es gab viel Schönes in ihrem Beruf und in anderen Bereichen ihres Lebens, aber heiraten, das war ihr heiliges Ziel, und solange sie das nicht erreicht hatte, lebte sie nicht wirklich. Dachte Rachel.

»Warum glauben Sie, dass Sie erst glücklich sein werden, wenn Sie verheiratet sind?«, fragte ich sie.

»Wie soll das denn sonst gehen?«, erwiderte sie. »Man schließt die Schule ab, und dann findet man einen Partner, baut sich sein Nest und gründet eine Familie. Das ist schon immer mein Traum gewesen. Ich wäre am Boden zerstört, wenn ich keinen Mann finden würde.«

»Bei dem Wort ›Zerstörung‹ denke ich eher an große Lebenskatastrophen«, sagte ich. »Wäre es für Sie wirklich *so* schlimm, wenn Sie ledig blieben?«

»Ist es keine Katastrophe, ein Leben ohne Glück zu haben?«, fragte sie.

Sie sehen Rachels Problem: Eine Katastrophe ist, wenn man nicht glücklich ist, glücklich wird man nur durch Heiraten, und folglich bedeutet unverheiratet sein, dass man nicht glücklich und das Leben eine Tragödie ist.

»Dann glauben Sie also, dass alle unverheirateten Menschen ein elendes Leben haben?«, fragte ich. »Oder glauben Sie, dass es auch ein paar glückliche gibt?«

»Ich weiß nicht«, erwiderte sie, »ein paar sind wahrscheinlich schon glücklich.«

»Das glaube ich aber auch!«, sagte ich. »Und was bedeutet das für Sie?«

Sie konnte mir die Frage nicht beantworten, aber die Frage zwang sie, sich ihr Leben einmal genauer anzuschauen: Wenn es also unverheiratete Menschen gab, die glücklich waren, dann war das Heiraten vielleicht doch nicht der Schlüssel zum Glück ...

Ich erklärte ihr, wie es wirklich ist: Glückliche Singles, die heiraten, werden zu glücklichen Verheirateten, und aus unglücklichen Singles, die heiraten, werden unglückliche Verheiratete. Womit die Aufgabe dieser Frau nicht darin bestand, um jeden Preis zu heiraten, sondern zu lernen, in jeder Lebenslage ein glücklicher Mensch zu sein. Sie war überrascht, als ich ihr eröffnete, dass die Psychologen in Sachen Glücklichsein wenig Unterschiede zwischen Verheirateten und Singles gefunden haben. Offenbar liegt es nicht am Familienstand, wie glücklich jemand ist.

Als Psychologe hätte ich ihr auch von vielen Patienten erzählen können, die alles im Leben hatten, einschließlich eines Ehepartners, und trotzdem unglücklich waren. Sie hatten Geld, Ruhm, Erfolg, Karriere, eine Familie und alles, was einen angeblich glücklich macht, aber all diese Dinge hatten ihnen nicht das gebracht, was sie erwartet hatten.

Und doch sind wir immer wieder versucht zu denken: »Wenn ich nur ...« Wenn nur unsere äußeren Umstände anders würden, dann wären wir glücklich. Stimmt nicht, sagen uns sowohl die Wissenschaftler als auch viele, viele Menschen, die endlich fanden, was sie gesucht hatten, nur um festzustellen, dass sie immer noch suchten. Warum fallen wir dann immer wieder auf diese Masche herein?

Weil dies in unserer menschlichen Natur liegt. Für mich ist die beste Erklärung immer noch die Geschichte vom Garten Eden. Obwohl sie vor Tausenden von Jahren geschrieben wurde, ist die spirituelle Dynamik, die sie illustriert, dieselbe, in der wir heute noch jeden Tag leben – und die auch unsere Jagd nach dem Glück antreibt. Es ist eine Geschichte, die gestern hätte passieren können und die jeden Tag neu passiert, im Leben von jedem von uns.

Die Geschichte geht so: Gott hatte ein gutes Leben erschaffen, einen wunderbaren Garten mit vielen Bäumen, die für all das Gute im Leben standen. Und er hatte den Menschen gesagt, dass sie von allen Bäumen in dem Garten essen durften. Mit anderen Worten: »Ich habe hier etwas Tolles für euch erschaffen. Lasst es euch gut gehen, esst und seid zufrieden mit dem, was ich euch gegeben habe.« Gott sagte den Menschen nicht alle Einzelheiten – dass er zum Beispiel ihre Zungen mit Geschmacksknospen versehen hatte, damit sie die Früchte auch ganz genießen konnten, oder dass er biochemische Prozesse in ihr Gehirn programmiert hatte, die ihr Herz glücklich machten, wenn sie bestimmte Dinge taten. Auch uns heute erklärt er meistens nicht alles. Er sagte zu Adam und Eva: »Hier habt ihr das Leben. Genießt es. Vertraut mir, es wird wunderbar werden.« Aber vor einer Sache warnte er Adam und Eva. Sie sollten nicht von dem »Baum der Erkenntnis des Guten und Bösen« essen, denn dann würden sie sterben. Was besagte diese Warnung? Im Wesentlichen dieses: Versucht nicht, Gott zu spielen. Bildet euch nicht ein, dass ihr wie er werden und wissen könnt, was gut ist und was nicht. Vertraut ihm einfach. Er weiß am besten, was gut für euch ist; das ist *sein* Job. *Euer* Job ist es, das, was er euch schenkt, zu genießen.

Wir wissen, wie es weiterging. Die Schlange kam und redete den Menschen ein, dass sie dann, wenn sie von der verbotenen Frucht aßen, wie Gott werden und alles wissen und im Griff haben würden. Sie würden »das Gute vom Bösen unterscheiden können«. Mit anderen Worten: Vergesst Gottes Anweisung und Plan und geht eure eigenen Wege, ohne Gott. Genau das taten die Menschen – und sie verloren die Gemeinschaft mit Gott und waren nicht mehr in der Lage, die Früchte des guten Lebens, die Gott erschaffen hatte, zu genießen. *Auf ihrer Suche nach dem scheinbaren, großen Glück verloren sie das, was uns wirklich glücklich macht.*

Und das Band zu Gott riss und die Menschen versteckten sich vor ihm und waren denkbar unglücklich geworden. Kein guter Tag für die Menschheit. Aber mich persönlich erinnert all dies sehr stark an das, was uns die heutigen Glücksforscher sagen.

Wenn wir die Früchte des guten Lebens, das Gott erschaffen hat, nicht essen und uns einbilden, besser zu wissen, was uns guttut, wird unser Hunger nicht gestillt werden, und wir werden unzufrieden, unglücklich und unerfüllt sein. Aber weil wir nicht merken, wie wir uns dazu verführen lassen, Gott zu spielen und zu meinen, dass wir es schon selber schaffen, sind wir weiter blind für die Bäume mit den guten Früchten, die gerade vor unserer Nase stehen. Wir lassen uns von der Werbung, den Medien, unserer Kultur, dem Materialismus, der Sinnlichkeit, dem falschen Sichvergleichen mit unseren Mitmenschen und vielen anderen Dingen manipulieren. Die Geschichte vom Garten Eden zeigt uns, dass diese Dinge im Grunde alle das Gleiche sind: *Egal, wie die Versuchung lautet, es ist derselbe Baum.* Es ist die Versuchung, nicht so zu leben, wie Gott die Schöpfung verdrahtet hat, nicht in die Bäume zu investieren, die uns wirklich satt machen.

Ich weiß nicht, wie es bei Ihnen ist, aber mir fällt es schwer, spirituelle Wahrheiten in meinem Leben umzusetzen. Ich kenne Gottes Weisungen, und doch höre ich immer wieder die Stimme der Schlange: »Das hier musst du noch haben, dann wirst du glücklich und zufrieden sein …« Da hilft es mir, wenn ich mir ins Gedächtnis rufe, dass es hier ja nicht nur darum geht, was der Pastor sagt, sondern dass wir es mit wissenschaftlich gesicherten Fakten zu tun haben. Die Wissenschaft sagt uns, dass wir dann, wenn wir uns an die Bibel halten, ein besseres Leben haben.

Dies ist also unsere Aufgabe: das Leben so zu leben, wie Gott es gedacht hat. Wenn wir das tun, werden wir glückliche Menschen werden. Und jetzt werden wir konkret und schauen uns dreizehn Aspekte des Glücklichseins an, in denen Gott und die Wissenschaft übereinstimmen.

Glückliche Menschen sind Geber

Als meine älteste Tochter, Olivia, drei oder vier Jahre alt war, ging sie mehrere Tage in der Woche halbtags in einen Kindergarten. Es gefiel ihr gut dort und sie hatte bald viele Freunde. Eines Morgens, bevor ich sie zum Kindergarten brachte, entspann sich zwischen uns ein Gespräch über das Teilen. Wir unterhielten uns darüber, was man alles mit anderen Menschen teilen kann – Liebe, Hilfe, Plätzchen, Spielsachen –, und ich schlug Olivia vor, sich an diesem Morgen ein Kind in ihrer Gruppe auszusuchen und ihm etwas zu schenken. Für mich war das ein ganz normales Vater-Tochter-Gespräch und ich hatte es bald wieder vergessen.

Aber dann passierte etwas, was ich nie vergessen werde. Als ich Olivia am Mittag wieder vom Kindergarten abholte und wir zusammen nach Hause gingen, fing sie an, mir von ihrem Tag im Kindergarten zu erzählen. Ich fragte sie, was sie so gemacht hatte, und sie erzählte, dass sie Plätzchen gebacken hatten und wie gut sie geschmeckt hatten. Aber dann hatte sie auf einmal gesehen, dass ein Junge aus irgendeinem Grund keine Plätzchen hatte. Sie war zu ihm hingegangen und hatte ihm ein paar von ihren eigenen geschenkt. Ich fand das nett, aber nicht weiter weltbewegend; Olivia hatte schon öfters anderen etwas abgegeben. Aber dann schaute sie mich ganz ernst an und fuhr fort: »Papa, und dann ist was passiert, und ich weiß nicht, was das war.«

»Und was war das?«, fragte ich.

»Also, als ich Brandon die Plätzchen gegeben hab, hab ich hier drin was gefühlt. Hier.« Sie zeigte auf ihre Brust. »Da war es auf einmal richtig warm. Was war das?«

Es gelang mir, meine Tränen zurückzuhalten. »Das war Liebe, Olivia«, erwiderte ich. »Das ist das, was man drinnen spürt, wenn man anderen Menschen etwas schenkt. Dann wird es einem so warm ums Herz.«

»Das war echt gut«, sagte sie. »Das will ich öfter machen, das mag ich.«

Ich werde ihn nie vergessen, diesen Augenblick. Hundert verschiedene Gedanken und Gefühle gingen mir durch den Kopf – wie schön das war, was für ein großes Herz mein Kind hatte und noch vieles andere. Aber mit der stärkste Gedanke war einer, den ich ungefähr so ausdrücken kann: »Ich glaube, ich brauche mir keine Sorgen zu machen, ob Olivia glücklich wird im Leben. Sie hat den Schlüssel gefunden.«

Geben ist seliger als Nehmen

Eines der wichtigsten Ergebnisse der Glücksforschung ist, dass Menschen, die Geber sind, anderen dienen und selbstlos sind, viel glücklicher sind als solche, die das nicht tun. Einige Forscher haben sogar zeigen können, wie das Gehirn verdrahtet ist, sodass es zu dem Gefühl »hier drin« kommt, das meine Tochter hatte. So konnten die Neurowissenschaftler Jorge Moll und Jordan Grafman von den National Institutes of Health nachweisen, dass die Glückszentren im Gehirn, die auf Essen und Sex reagieren, auch aktiv werden, wenn wir daran denken, jemandem ein Geschenk zu machen.[6] Gott hat unser Gehirn so programmiert, dass wir uns wohlfühlen, wenn wir schenken. Und das ist ja in gewissem Sinne die Kernaussage dieses Buches: Wir sind dazu verdrahtet, glücklich zu werden; wir müssen nur manchmal lernen, was »glücklich« bedeutet.

Nicht alles im Leben macht uns glücklich. Geben und Schenken sehr wohl. An unsere Mitmenschen zu denken und ihnen Gutes zu tun, ist immer richtig. Wollen Sie ein glücklicherer Mensch werden? Dann widmen Sie einen Teil Ihres Herzens, Ihres Denkens und Ihrer Seele (und, jawohl, auch Ihres Geldes) Ihren Mitmenschen. Die Psychologen haben herausgefunden, dass das Geld, das man nicht für sich selber ausgibt, sondern für andere Menschen oder für wohltätige Zwecke, das Geld ist, das am meisten Glück bringt. Der Schenkende ist glücklicher als der Mensch, der sein Geld für sich selber ausgibt.[7] Und er ist nicht nur glücklicher, sondern auch gesünder. Abgeben ist gut für meine Stimmung, meine Seele und meinen Körper. Studien haben gezeigt, dass es eine Beziehung zwischen Schenken, Helfen und Dienen und psychischer Gesundheit gibt und dass Menschen, die anderen helfen, weniger Stress, Angst und Depressionen haben.[8]

Es gibt hier so viele Forschungsergebnisse, dass ich sie gar nicht alle erwähnen kann. Es muss reichen, wenn ich sage, dass Geben und Dienen gut für uns ist. Aber brauchen wir wirklich die Wissenschaftler, um das zu erkennen? Meine Tochter brauchte sie mit ihren vier Jahren nicht; ihre »Forschung« stützte sich auf ihr eigenes Herz. Sie *spürte*, wie es warm wurde. Kann es ein besseres »Glücksbarometer« geben als das eigene Herz?

Ich schätze einmal, auch Sie wissen das. Denken Sie zurück an eine wichtige Beziehung in Ihrem Leben, an einen Menschen, der Ihr Herz gleichsam größer und weiter machte, sodass Sie bereit waren, sich selber zu geben. Was haben Sie damals *getan*? Sie haben etwas geschenkt, etwas geopfert, sind aus sich herausgegangen. Und danach – fühlten Sie sich drinnen so merkwürdig warm. Das ist es, worüber wir hier reden.

Das Leben eines Gebers

Aber jetzt ist natürlich die Frage: Wie können wir dieses Gefühl zu einem Dauergast in unserem Leben machen? Was müssen wir tun, damit es nicht alle Jubeljahre vorkommt, sondern ein Teil unseres Alltags wird? Hier ein paar Tipps.

Erstens: Geben Sie aus Ihrem Glauben an Gott heraus. Gott hat uns befohlen zu geben, und wenn wir das tun, was er sagt, handeln wir im Glauben, auch wenn uns das kein warmes Gefühl im Herzen macht, ja, vielleicht sogar etwas wehtut. Manchmal ist uns nicht nach Schenken zumute, und dann muss uns jemand einen Schubs geben. So wie Olivia damals einen Schubs von ihrem Vater brauchte, brauchen wir manchmal einen von Gott. Gott gibt uns in der Bibel viele solche Schubse. Er fordert uns zum Beispiel auf, aus Dankbarkeit und im Glauben zu geben und ihm das *Erste* von allem, was wir haben, zu geben:

> *Ein Zehntel aller Erträge des Landes, sei es Getreide oder Früchte, gehört dem Herrn und ist heilig. (3. Mose 27,30)*

> *Ihr sollt auch das Fest der Ernte mit den ersten Erträgen eurer Ernte feiern. (2. Mose 23,16)*

Ich glaube, eine der besten Voraussetzungen für das Glück im Leben ist, Gott zu geben, und zwar ihm *zuerst* zu geben. Ich lernte dies von meinen Eltern, die es aus der Bibel gelernt hatten. Als ich vier oder fünf Jahre alt war, gaben sie mir jeden Sonntagmorgen einen Dollar Taschengeld, mit folgenden Instruktionen: Erstens: Tue 10 Cent in der Kirche in die Kollekte; gib sie Gott, um ihm deine Dankbarkeit zu zeigen. Zweitens: Nimm einen zweiten Zehner und steck' ihn in dein Sparschwein. Drittens: Mach' mit dem Rest, was du willst. Im

Laufe der Jahre haben die Prozentzahlen sich geändert, aber nicht die Reihenfolge. Erst Gott, dann das Sparen, dann das Ausgeben. Die biblischen Anweisungen zum Geben sind das beste Fundament für finanzielles Glück, aber dieses Thema würde den Rahmen dieses Buches sprengen. Hier möchte ich nur festhalten, dass das Prinzip »Gott zuerst« gleichsam eine Weiche für den ganzen Zug stellt. Dieses Geben geschieht aus Glauben und Dankbarkeit heraus, im Gehorsam gegen Gottes Gebote, und wie andere Aspekte des Glaubenslebens auch, braucht es seine Zeit. Geben Sie geduldig weiter und erleben Sie es, wie Früchte des Glücks in Ihrem Leben wachsen und reifen.

Eine der besten Voraussetzungen für das Glück im Leben ist, Gott zu geben, und zwar ihm zuerst zu geben.

Zweitens: Geben Sie mit dem Herzen. Schauen Sie sich um: Wo sind gerade Menschen in Not? Wer braucht Hilfe? Mit wem können Sie sich identifizieren, weil Sie sich in seine Situation hineinversetzen können oder sogar schon einmal selber in ihr waren? Hören Sie auf die Stimme Ihres Mitgefühls, und Sie werden Zugänge zum Leben finden, wie Sie sich das nie vorgestellt hätten.

Drittens: Bringen Sie sich mit Ihrem ganzen Leben ein, nicht nur mit Ihrem Portemonnaie. Jesus hat gesagt, dass das Geld nur eine Krücke ist; es macht nicht unser wirkliches Leben aus (vgl. Lukas 12,15). Unser wirkliches Leben wächst dort, wo wir uns selber geben. Wenn Sie Ihre Zeit, Ihre Kraft, Ihr Herz und Ihren Verstand Ihren Mitmenschen zur Verfügung stellen, werden Sie eine Ernte bekommen, die weit größer ist, als wenn Sie nur Ihr Geld spenden. Seien Sie ehrenamtlich tätig. Bringen Sie der alleinerziehenden Mutter nebenan, die mit ihrem Neugeborenen keine Zeit zum Kochen hat, ein warmes Mittagessen. Oder bieten Sie ihr Ihre Babysitterdienste an, damit sie einen Nachmittag oder Abend ausgehen kann.

Machen Sie Besuche im Krankenhaus. Schreiben Sie Briefe und Karten an Menschen, die Ermutigung brauchen. Gründen Sie in Ihrer Gemeinde eine Hilfsinitiative, die sich um Bedürftige kümmert. Werden Sie ehrenamtlicher Mitarbeiter in einem Obdachlosenasyl.

Meine Eltern wurden 92 bzw. fast 94 Jahre alt; beide starben letztes Jahr innerhalb von ein paar Monaten. Auf ihren Beerdigungen sah ich deutlich die Realität der Worte Jesu, dass unser Leben nicht aus unserem Besitz besteht, sondern aus unserem Einsatz für Gott und unsere Mitmenschen. Ich sah damals die Frucht ihres Lebens; ich werde das nie vergessen. Viele, viele Menschen kamen, um einem Paar die letzte Ehre zu erweisen, das die ganzen 66 Jahre seiner Ehe der Stadt, in der es wohnte, gedient hatte. Meine Eltern hatten Kindern Nachhilfestunden gegeben, arme Kirchengemeinden unterstützt, Menschen, die nicht mehr aus dem Haus gehen konnten, Essen gebracht, in Wohltätigkeitsorganisationen mitgearbeitet und so weiter und so fort. Eine Frau erzählte mir, wie meine Eltern zu ihnen gekommen waren, um ihnen beim Einleben zu helfen, als sie und ihr Mann als junges Paar ohne Freunde oder Verwandte frisch in die Stadt gezogen waren. Dass sie sie und ihren Mann »adoptierten«, machte alles anders in dieser fremden Stadt. Ich staunte nur so, was für Früchte ein Lebensstil des Gebens und Schenkens tragen kann.

Und ich musste auch daran denken, mit was für einer Selbstverständlichkeit meine Eltern anderen gedient hatten. Sie machten nie viel Aufhebens davon, ich hatte nie den Eindruck, dass sie »für eine Sache kämpften«. Wenn ein Tag vorbei war, begannen sie einfach den nächsten, und wieder war die Frage: Wem können wir heute helfen? Das war ihr Leben, und es war ein Leben, das ihnen lange, lange Erfüllung brachte.

Also: Sie brauchen nicht als Missionar in ein fremdes Land zu gehen. Bringen Sie einem kranken Freund einen Eintopf oder den Kollegen im Büro ein paar Plätzchen. Überlegen Sie sich jeden Tag neu: Wem kann ich heute etwas Gutes tun? Geben Sie sich selber, und Sie werden merken, wie Ihr Leben langsam, aber sicher anders wird.

Viertens: Geben Sie mit System. Gott wies die Israeliten an, ihm ihre »ersten Erträge« zu geben. Er verlieh damit dem »Geben« eine gewisse Struktur. Davon können wir ableiten, wie wir mit unserer Zeit und unseren Ressourcen umgehen sollten. Im Leben ist es nun einmal so: Alles, was Sie nicht von vornherein auf die Seite legen und reservieren, wird einfach so verschwinden. Also: Legen Sie zu Beginn jeden Jahres, jeden Monats und jeder Woche fest, was Sie an Geld, Zeit usw. einsetzen wollen, und vermerken Sie dies in Ihrem Terminkalender und in Ihrem Finanzbudget, sonst wird es in anderen Kanälen versickern.

Schreiben Sie sich zum Beispiel (als Einzelner oder gemeinsam als ganze Familie) auf, dass Sie im laufenden Jahr soundsoviele Stunden ehrenamtliche Arbeiten tun wollen, was pro Monat soundsoviele Stunden ergibt, und notieren Sie die entsprechenden Aufgaben in Ihrem Terminkalender. Tun Sie das Gleiche mit Ihrem Geld. Wenn Gott Sie dann mehr Geld einnehmen lässt als erwartet, können Sie später immer noch entsprechend mehr geben, aber beginnen Sie damit, dass Sie einen festen Plan machen, den Sie einhalten.

Fünftens: Geben Sie gerne. Lesen Sie, was das Neue Testament dazu zu sagen hat:

> *Denkt daran: Ein Bauer, der nur wenig Samen aussät, wird auch nur eine kleine Ernte einbringen. Wer aber viel sät, wird auch viel ernten. Jeder von euch muss selbst entscheiden, wie viel er geben möchte. Gebt jedoch nicht widerwillig oder unter Zwang, denn Gott liebt den Menschen, der gerne gibt. (2. Korinther 9,6-7)*

Hier werden drei Arten des Gebens erwähnt. Manche Menschen geben »widerwillig«; das ist die Art Spenden, die unter äußerem Druck und Manipulation geschieht. Lassen Sie sich von niemandem dazu drängen, mehr zu geben, als Sie wollen. Andere geben »unter Zwang«, d.h. unter dem inneren Druck des schlechten Gewissens. Ein Geben, wie Gott es möchte, geschieht aus eigenem Antrieb, freiwillig und gerne.

Menschen, die über ihre Kräfte geben (zum Beispiel in einer Kodependenzbeziehung, in der der andere sich an sie klettet), landen oft im Burn-out. Wenn Sie merken, dass Sie mehr tun, als Sie verkraften können, setzen Sie sich Grenzen, damit Sie nicht vor lauter Geben ein Fall fürs Sanatorium werden. Auch dies können wir in der Bibel nachlesen, an vielen Stellen. Für Gott ist es völlig in Ordnung, wenn Sie nicht zu viel geben. Grenzen haben bedeutet nicht, dass Sie ein Egoist sind. Egoismus heißt, dass man gar nicht gibt. Wenn Sie sich vor lauter Geben emotional verausgaben, werden Sie nicht glücklich, sondern eher unglücklich. Der überarbeitete Mose musste sich von seinem Schwiegervater warnen lassen, sich nicht »aufzureiben« (2. Mose 18,18).

Wenn Sie sich vor lauter Geben emotional verausgaben, werden Sie nicht glücklich, sondern eher unglücklich.

Sechstens: Gehen Sie beim Geben manchmal aus Ihrer Komfortzone heraus. Ich weiß, ich habe gerade gesagt, dass Sie nicht über Ihre Mittel oder unter Druck geben sollen, und das habe ich auch ernst gemeint. Aber Tatsache ist, dass gesundes Geben wie ein Muskel ist. Um ihn stärker zu machen, müssen wir ihn benutzen und ihm immer mehr Gewicht zumuten. Manche geben nur, wenn es sich ergibt oder sie in der Stimmung dazu sind. Aber Jesus sagt, dass unser Herz unserem Geben folgen wird. »Denn wo dein Reichtum ist, da ist auch dein Herz« (Matthäus 6,22). Geben formt unseren Charakter. Also: Geben Sie sich hin und wieder einen Ruck und gehen Sie aus Ihrer Komfortzone heraus; es kann gut sein, dass dies Ihre Komfortzone größer und Sie glücklicher macht.

Siebtens: Geben Sie nicht nur solo. Manchmal sind Sie beim Geben allein, und das ist ganz in Ordnung, ja, oft sogar nötig. Jesus sagt in der Bergpredigt: »Wenn du jemandem etwas gibst, dann sage deiner linken Hand nicht, was deine rechte tut« (Matthäus 6,3). Aber manchmal ist es hilfreich, gemeinschaftlich zu geben. Schließen Sie sich einer Gruppe an, die ehrenamtliche Dienste anbietet, oder gründen Sie eine. Schließen Sie sich mit Gleichgesinnten zusammen. Sie können auch als Familie, also zusammen mit Ihrem Ehepartner und den Kindern, Samariterdienste leisten. Es gibt viele Möglichkeiten, im Team zu geben und zu helfen; Sie müssen sie nur nutzen. Es wird Ihnen Spaß machen und Sie werden sich gegenseitig motivieren. Wie die Bibel sagt: »Spornt euch gegenseitig zu Liebe und zu guten Taten an« (Hebräer 10,24). Helfen Sie einander, Helfer zu werden, und alle werden wachsen dabei.

Und letztens: Geben Sie auch denen, die es nicht verdienen. Jesus hat uns geboten, auch unseren Feinden zu geben und denen, die uns nicht danken werden.

> *Liebt eure Feinde! Erweist ihnen Gutes! Leiht ihnen Geld! Und macht euch keine Sorgen, weil sie es euch vielleicht nicht wiedergeben werden. Dann wird euer Lohn im Himmel groß sein und ihr handelt wirklich wie Kinder des Allerhöchsten, denn er erweist auch den Undankbaren und den Bösen Gutes. (Lukas 6,35)*

Wenn wir nur geben, um eine Gegengabe zu bekommen oder weil jemand unser Geschenk verdient hat, geben wir noch nicht richtig. Beim Geben geht es um das Geben, ohne Wenn und Aber. Menschen Gutes zu tun, die nicht gut zu mir sind, hebt mein Geben auf eine ganz andere Ebene – die Ebene, auf der Gott gibt. »Er erweist auch den Undankbaren und den Bösen Gutes.« Wenn Sie das Geben, und was es uns gibt, richtig auskosten wollen, dann geben Sie auch in den gegenwärtigen wirtschaftlich schwierigen Zeiten. Wenn Sie das tun, werden Sie manchmal staunen, wie die unverdiente Güte, die Sie da praktizieren, das Gleiche bewirkt, was Gottes Gaben bewirken: Sie erweicht das Herz eines undankbaren und unfreundlichen Menschen und hilft ihm, anders zu werden. Gaben verändern Menschen, und wenn Sie gut zu Menschen sind, die selber nicht zu »den Guten« gehören, kann es sein, dass sie endlich aufwachen.

Der Satz Jesu »Es ist segensreicher zu geben als zu nehmen« (Apostelgeschichte 20,35), er ist wahr; die Wissenschaft hat dies auf vielfache Weise nachgewiesen. Das Leben des Gebers ist das glückliche Leben und das beste Geschenk, das wir bekommen können.

Glückliche Menschen tun etwas für ihr Glück

Ich weiß noch, wie ich als Kind eine Folge der Fernsehkomödie *Hee Haw* sah, in der zwei von den Dorftypen auf dem Boden liegen, Rücken an Rücken, an ihren Grashalmen kauen und die Zeit totschlagen. Plötzlich sieht der eine, wie eine hübsche Frau vorbeikommt. Er findet sie echt toll und fängt an, sie seinem Freund zu beschreiben. Der antwortet, ohne sich einen Millimeter zu rühren: »Mannomann … ich wollt', ich würd' auch in die Richtung gucken.«

Die Komik dieser Szene hängt an einer einzigen Sache: Der Freund ist zu träge, sich umzudrehen und den Anblick ebenfalls zu genießen. Es ist eine lustige Begebenheit, aber wenn man die gleiche Einstellung nicht in einem Fernsehsketch sieht, sondern im wirklichen Leben, ist es überhaupt nicht mehr lustig. Tatsache ist, dass viele unglückliche Menschen so gerne glücklich wären, aber wenn dann im Alltag das Glück direkt an ihnen vorbeispaziert, denken sie: »Ich wollte, ich würde auch in die Richtung gucken« – und bringen es nicht fertig, sich umzudrehen.

Bevor wir uns weiter in das Thema »Trägheit und Glück« vertiefen, muss ich eines klarstellen: Es kommt vor, dass Menschen durch Krankheiten, wie zum Beispiel schwere Depressionen, tatsächlich innerlich wie gelähmt sind und sich zu nichts aufraffen können. Das gehört dann zu der Krankheit. Wenn Sie zu diesen Menschen gehören und so gerne am Leben teilnehmen und gesünder werden würden, aber aufgrund ihrer Depression oder anderer Gesundheitsprobleme buchstäblich nicht die Energie dafür haben, sind Sie *nicht* träge, sondern krank und brauchen Medikamente oder ein andere Therapie, und ich kann Ihnen nur Mut machen, sofort Hilfe zu suchen.

Was ich in diesem Kapitel anspreche, sind die Menschen, die sehr wohl fähig sind, das zu tun, was sie glücklicher machen würde, aber dies aus irgendwelchen Gründen unterlassen. Wie es in Sprüche 26,15 heißt: »Manche Menschen sind so faul, dass sie nicht einmal einen Finger rühren, um zu essen.« Die »Schüssel« mit dem Essen ist da, aber der Träge nutzt sie nicht. Er tut einfach nicht die Dinge, die ihm das so ersehnte Glück bringen würden.

Vergleichen Sie diese Einstellung mit der von glücklichen Menschen. Wenn jemand morgens aufwacht und nicht sagt: »Guter Gott, der nächste Morgen«, sondern: »Guten Morgen, Gott«, ist dies kein Zufall, sondern dieser Mensch hat die Energie, die Gott ihm gegeben hat, weise genutzt und seine Zeit, Augenblick für Augenblick und Tag für Tag, in den Aufbau eines Lebens investiert, das erfüllend und sinnvoll ist. Womit er im Grunde nichts anderes macht, als Gottes Schöpfungsordnung auszuleben, denn Gott hat uns zu seinem Bilde erschaffen – als Personen, die ihr Herz, ihr Denken, ihre Seele und ihre Kraft einbringen, um Leben zu schaffen. Glückliche Menschen bauen Beziehungen und nutzen ihre Gaben und Fähigkeiten, um Neues zu schaffen. Gott möchte, dass wir das auch tun. Er möchte, dass wir dem Leben aktiv gegenüberstehen und nicht passiv.

Liebe Freunde, als ich bei euch war, habt ihr meine Anweisungen immer treu befolgt. Jetzt, in meiner Abwesenheit, müsst ihr noch mehr darauf achten, dass Gottes Liebe in eurem Leben sichtbar wird. Deshalb gehorcht Gott voller Achtung und Ehrfurcht. Denn Gott bewirkt in euch den Wunsch, ihm zu gehorchen, und er gibt euch auch die Kraft zu tun, was ihm Freude macht. (Philipper 2,12-13)

Glückliche Menschen stehen dem Leben aktiv und nicht passiv gegenüber. Wenn Sie sich einmal anschauen, was für Dinge es sind, die nachweislich glücklich machen, werden Sie sehen, dass Glücklichwerden Arbeit ist. Glückliche Menschen stecken ihre Zeit u. a. in die folgenden Dinge:

- Sie bauen echte Beziehungen auf und pflegen Gemeinschaft. Sie gehören zum Beispiel zu Selbsthilfegruppen und Hausbibelkreisen und treffen sich regelmäßig mit Freunden und Verwandten, um diese Beziehungen zu pflegen.
- Sie investieren in ihr persönliches inneres Wachsen. Sie gehen regelmäßig zu einem Mentor oder Seelsorger oder in eine entsprechende Gruppe.
- Sie haben konkrete gesundheitliche, finanzielle, berufliche, ehrenamtliche oder sonstige Ziele, auf die sie hinarbeiten.
- Sie dienen ihren Mitmenschen. Sie haben gelernt, wie sie ihre Zeit und ihre Gaben sinnvoll in andere investieren können.
- Sie pflegen ihr inneres Leben. Sie nehmen sich systematisch Zeit für solche Dinge wie Beten, Meditation, Bibellesen, Einkehrfreizeiten usw.
- Sie tun etwas für ihre Gesundheit. Sie betreiben systematisch irgendeine Art körperlichen Ausgleichs und bemühen sich um einen gesunden Lebensstil.
- Sie praktizieren Dankbarkeit. Sie danken regelmäßig Gott und anderen.
- Sie haben ein Hobby, das sie mögen. Sie entdecken ihre Leidenschaften und pflegen sie.

- Sie verlangen sich etwas ab. Sie suchen sich Aktivitäten und Ziele, die sie über sich hinauswachsen lassen.
- Sie packen Probleme und Konflikte an. Ob in ihren Beziehungen oder bei sich selber: Glückliche Menschen schieben Probleme nicht auf die lange Bank, sondern tun, was nötig ist, um sie zu lösen.

Dies sind nur ein paar Beispiele für die Art Aktivitäten, um die es in diesem Buch geht, und sie zeigen, dass Glück nicht etwas ist, das vom Himmel fällt. Glückliche Menschen packen das Leben an und verfolgen aktiv ihre Träume.

Meine Erfahrung ist die, dass Menschen, die wach werden und sich fragen, wie glücklich denn ihr Leben ist, als Erstes erkennen, dass sie selber ihres Glückes Schmied sind. Und als Zweites merken sie, dass sie, um glücklicher zu werden, ganz bestimmte Dinge tun müssen. Ich habe viele Menschen erlebt, die nach Jahren des Auf-der-Stelle-Tretens endlich aufwachen und sagen: »Ich muss nicht so leben. Ich muss etwas ändern in meinem Leben.« Und sie werden aktiv und ein Jahr später sind sie kaum wiederzuerkennen.

Aber damit dies geschieht, müssen wir die Kurve kriegen. Wir müssen herauskommen aus der Lethargie, die uns so lange gefangen gehalten hat. Wir müssen »etwas tun«. Aber wie geschieht das?

Wenn wir die Menschen, die gerade in einer klinischen Depression oder anderen Krankheit stecken, einmal beiseitelassen, kann man die Leser dieses Buches grob in zwei Gruppen unterteilen. Die erste Gruppe sind die Leser, die, nachdem sie bis hierher gelesen haben, aufstehen und sagen: »Das seh' ich ein. Wie ist das denn bei mir?« Und sie gehen in eine Selbsthilfegruppe wie zum Beispiel die Weight Watchers, rufen ihren Arzt oder einen Seelsorger an oder tun sonst etwas, das sie immer aufgeschoben hatten und das halt etwas Arbeit kostet. Ist das bei Ihnen so? Danken Sie Gott, Sie sind auf dem richtigen Weg.

Die zweite Gruppe sind die Leser, die ebenfalls sagen: »Das seh' ich ein« und sich gerne ändern wollen – aber die dann schließlich doch nichts unternehmen. Gibt es für sie Hoffnung? Absolut, aber nicht, solange sie sich auf ihre eigene Kraft verlassen. Wenn Sie zu dieser Gruppe gehören, brauchen Sie zwei Dinge: *Energie* und *Disziplin*. Auf sich selber gestellt, haben Sie nicht die genügende Motivation und Disziplin; das haben Sie lange genug bewiesen. Sie müssen sich diese Dinge also von außen holen.

Mein Vorschlag: Suchen Sie sich einen Freund, Therapeuten, Trainer oder eine Gruppe – irgendjemanden, dem Sie regelmäßig über Ihren Alltag Rechenschaft ablegen müssen und der Ihnen hilft, erste Schritte zu tun und dann auf dem Weg zu bleiben. Ohne solch eine Stütze von außen werden Sie zurück in die Lethargie sinken. Ich meine das jetzt nicht negativ. Wenn Sie es fertigbringen, sich einen Menschen oder eine Gruppe zu suchen, die Sie an die Hand nimmt, dann ist das durchaus eine Leistung. Dieser Mentor oder diese Gruppe wird Ihnen dann bei dem Weiteren helfen. Mehr, als endlich Ernst zu machen und Hilfe zu suchen, brauchen Sie nicht zu tun, aber *das müssen* Sie tun – Sie persönlich, sonst besteht die Gefahr, dass Sie auch weiterhin nichts unternehmen in Sachen Glücklichwerden.

Schauen Sie sich, wenn Sie dieses Buch weiterlesen, die verschiedenen Punkte, die ich erwähne, gut an und überlegen Sie sich, wie Sie sie für sich persönlich systematisch in die Tat umsetzen können. Schon ein bisschen jeden Tag wird Ihnen helfen, zu wachsen und auf einen Weg zu kommen, der zum Glück führt. Schon der Griff zum Telefon, um eine Freundin zu einem gemeinsamen Restaurantessen einzuladen, kann die Chemie Ihres Gehirns messbar verändern. Sie werden nicht in einem Tag in Ihrem Lebensglück von null auf hundert kommen, aber so funktioniert das auch gar nicht bei den glücklichen Menschen. Tun Sie einfach die kleinen Dinge, die einen im Alltag ein Stückchen glücklicher machen, und im Laufe der Zeit werden Sie merken, dass Sie selber ein Mensch geworden sind, der glücklich ist und das Leben wirklich lebt.

> *Dann werdet ihr auch nicht träge oder gleichgültig werden, sondern dem Beispiel derer folgen, die aufgrund ihres Glaubens und ihrer Geduld die Zusagen Gottes empfangen. (Hebräer 6,12)*

Ich liebe diesen Bibelvers. Er gibt uns ein Beispiel mehr für die Art, wie Gott das Universum eingerichtet hat. Er gibt uns Verheißungen über das Leben, und dann wartet er darauf, dass wir unseren Teil beitragen und nicht träge sind. Gott hatte den Israeliten ein »gelobtes Land« versprochen, aber es in Besitz nehmen mussten sie selber. Sie mussten viele Kämpfe bestehen dabei, aber schließlich schafften sie es. »Nehmt euch ein Beispiel an denen, die Vertrauen und Ausdauer bewahrt und darum empfangen haben, was Gott versprochen hat.« Gott hat Ihnen überfließendes Leben versprochen, aber er hat Ihnen nicht das Schlaraffenland versprochen. Arbeiten Sie an Ihrem Glück, übernehmen Sie Verantwortung dafür, setzen Sie sich in Bewegung. Es ist Gott, der in Ihnen am Werk ist. Er tut seinen Part, jetzt müssen Sie den Ihren tun. Seien Sie kein Faulpelz! Seit ich Bücher schreibe, sagen mir immer wieder Leute: »Ich würde auch mal gerne ein Buch schreiben. Eigentlich will ich das schon seit Längerem. Ich weiß auch schon, worüber ich schreiben möchte.«

Ich frage sie dann immer: »Wie lange wollen Sie das schon?«

»Oh, seit vielen Jahren schon.«

»Und warum tun Sie es dann nicht einfach?«

»Tja, ich hab halt nicht die Zeit. Ich hab halt meinen Beruf, da kann ich nicht auch noch Schriftsteller werden.«

Worauf ich sage: »Ich habe auch einen Beruf. Ich muss in meiner Freizeit schreiben. Erst seit Kurzem kann ich mir extra Zeit nehmen zum Bücherschreiben. Meine ersten zwanzig Bücher habe ich halt in jeder freien Minute geschrieben.«

Meistens schauen die Leute mich daraufhin sprachlos an und ich sage Ihnen: »Für das, was man will, findet man immer die Zeit.«

Ich mag das Beispiel von John Grisham. Er war Rechtsanwalt und Parlamentsabgeordneter, aber hatte schon immer gerne einen Roman schreiben wollen. Sein Arbeitstag war mehr als voll, aber der Traum war stärker, und so stand er jeden Tag ein wenig früher auf und schrieb buchstäblich eine Seite. Nach ein paar Jahren war sein erstes Buch fertig: *A Time to Kill* (deutsch: *Die Jury*). Inzwischen sind über 100 Millionen Exemplare seiner Bücher verkauft worden, aber angefangen hat es damit, dass er nicht zu träge war, jeden Tag eine Seite zu schreiben. Fangen Sie an mit den Aktivitäten, die Sie erfüllen und glücklich machen werden. Eine Seite (oder Anruf oder was auch immer) pro Tag reicht.

Glückliche Menschen warten nicht auf »irgendwann«

Als ich meinen Doktor machte, hatte ich einen Studienfreund, den ich wiederholt zu Golfpartien, Skiwochenenden und anderen Unternehmungen einlud, die ich zusammen mit ein paar Kumpel machte. Er war ein netter Typ, und wir hätten ihn gerne dabei gehabt, aber jedes Mal, wenn ich ihn fragte, sagte er etwas in dem Stil von: »Das würde ich ja so gerne machen, aber ich muss leider …« Und dann erklärte er, was für eine Arbeit er erst fertigkriegen musste, und danach hätte er dann Zeit für uns.

Diese Arbeit konnte ein Referat sein, das er halten musste, oder sonst ein Semesterprojekt oder das nächste Seminar, für das er büffeln musste. So ging es immer weiter, und ich hörte schließlich auf, ihn einzuladen, und dachte: *Na ja, der ist halt ganz von seinem Doktor in Beschlag genommen. Wenn er fertig ist, wird er vielleicht normal …*

Als er seinen Doktor hatte, zog er in eine Stadt, die nicht sehr weit entfernt war, sodass wir uns hin und wieder über den Weg liefen. Mehrere Male lud ich ihn wieder ein, wenn meine Freunde und ich etwas Besonderes vorhatten, zum Beispiel ein Skiwochenende oder einen Kurztrip nach Mexiko. Er war ja jetzt fertig mit seinem Studium. Aber wieder schlug er jede Einladung aus. Jetzt sagte er: »Erst muss ich meine Approbation hinter mich bringen, dann hab ich Zeit für so was. Ich freue mich darauf, echt, aber erst muss ich das hinter mich kriegen.«

Sie ahnen schon, wie es weiterging. Als er seine Approbation hatte, sagte er, wenn wir ihn einluden: »Ich würde so gerne mitkommen, aber jetzt, wo ich meine Zulassung hab, muss ich erst meine Praxis aufbauen. Wenn ich das geschafft hab, komme ich gerne manchmal mit euch.« Ich gab es schließlich auf; der Mann würde nie normal werden …

Das, was diesen Mann davon abhielt, ein Leben außerhalb seines Berufs zu haben, war nicht das nächste Referat, das er zu halten hatte, oder seine Doktorarbeit oder sein Praktikum oder seine Approbation. Es war *er selber*. Er selber war sich im Weg, seine Mentalität war im Weg. Er hatte eine Denke, die etwa so ging: *Wenn ich das und das geschafft habe, kann ich anschließend leben.* Aber das »das und das« war ein Fass ohne Boden; es gab immer etwas Neues, er wurde nie fertig. Für diesen Mann lag das Glück immer in irgendeiner »Zukunft«.

Im ersten Kapitel hatten wir uns ein Denkmuster angesehen, das dem Schema folgt: *Wenn ich nur … hätte, dann …* und das die Quelle des Glücks in irgendeinem äußeren Umstand sieht, den es zu erreichen gilt. Dies ist sozusagen der »Was«-Fehler – das Denken, dass das, »was« mich glücklich machen wird, eine bestimmte äußere Sache in meinem Leben ist. Der Denkfehler, dem wir uns in diesem Kapitel zuwenden, ist der »Wenn«-Fehler. Dies ist eine Denke, die sagt, dass das Glück nicht heute, sondern immer morgen kommt, und dass morgen dann ist, wenn wir etwas Bestimmtes getan oder erreicht haben. Es ist die Unfähigkeit, das Jetzt zu genießen, weil das Glück ja nicht jetzt da ist, sondern erst irgendwann in der Zukunft.

- Wenn ich mein Examen habe, werde ich mein Leben genießen können.
- Wenn wir endlich umgezogen sind, werden wir die neue Stadt genießen können.
- Wenn ich dieses Projekt hinter mir habe, werde ich in meiner Freizeit wieder etwas unternehmen können.

- Wenn ich meine Ausbildung fertig habe, wird das Leben schön sein.

Jeder dieser Sätze ist ein Beispiel für dieses Denken, das das Glücklichsein grundsätzlich auf einen späteren Zeitpunkt verschiebt. Schon *jetzt* glücklich sein geht nicht, weil eine bestimmte Bedingung noch nicht erfüllt ist; es fehlt noch ein Stück im Puzzle. Doch wenn dieses Stück dann da ist, kommt das Glück trotzdem nicht; man verschiebt es – erraten! – auf das nächste »Wenn ich ...«.

Glücklich im Jetzt

Glückliche Menschen sind »jetzt« glücklich. Weil sie die Dinge praktizieren, denen wir uns in diesem Kapitel zuwenden, sind sie nicht von einem »irgendwann« oder »morgen« abhängig, um glücklich zu sein. Sie haben schon ein erfülltes Leben, bevor die Zukunft eingetreten ist. Sie sind »hier und jetzt« glücklich.

Was gibt ihnen diese Fähigkeit? Es sind mehrere Dinge, aber zuallererst ist es eine innere Disziplin, die darin besteht, in der Gegenwart zu leben. Hören wir, wie Jesus es ausgedrückt hat:

> *Deshalb sorgt euch nicht um morgen, denn jeder Tag bringt seine eigenen Belastungen. Die Sorgen von heute sind für heute genug. (Matthäus 6,34)*

Die Bibel ruft uns auf, für die Zukunft zu planen, aber auch, in der Gegenwart zu leben, jeden Tag von Neuem. Das Heute oder, besser gesagt, dieser Augenblick ist alles, was da ist und je da sein wird. Es ist unmöglich, das »Morgen« zu erfahren. Wenn es da ist, wird es einfach das nächste Heute sein, der nächste gegenwärtige Augenblick, und wenn Sie es nicht gelernt haben, das »Jetzt« bewusst zu erleben, werden Sie das Morgen, auf das Sie so warten, glatt verpassen. Wie bei meinem Studienfreund, für den das Morgen nie kam. Wie jemand einmal gesagt hat: »Das Heute ist das Morgen, über das du dir gestern Sorgen gemacht hast.«

Das Heute oder, besser gesagt, dieser Augenblick ist alles, was da ist und je da sein wird.

Die Wissenschaftler haben festgestellt, dass die Fähigkeit, sich auf das Hier und Jetzt zu konzentrieren, die Freuden und Genüsse der Gegenwart, die Menschen glücklicher und weniger gestresst und depressiv macht. Sonja Lyubomirsky, eine der führenden Glücksforscher, hat es so ausgedrückt: »Personen, die genießen können, erwiesen sich als selbstbewusster, aufgeschlossener, zufriedener, hoffnungsvoller und weniger neurotisch […]. Wer es versteht, die Freude des Augenblicks einzufangen – positive Gefühle festzuhalten, Gutes zu genießen –, wird mit geringerer Wahrscheinlichkeit Depressionen, Stress, Schuld- und Schamgefühle erleben.«

Lyubomirsky berichtet weiter, wie Versuchspersonen die Aufgabe bekamen, pro Tag zwei angenehme Situationen zu genießen (die ganz alltäglich und banal sein konnten), während andere angewiesen wurden, mehrere Minuten lang bewusst ganz normale Begebenheiten zu genießen und aufzuschreiben, wie dies war. Beide Gruppen zeigten Verbesserungen in ihrer Stimmung und ihrer depressiven Situation.[9]

Mehrere Therapieansätze, die empirisch viel für sich haben, basieren darauf, den Patienten zu helfen, »bewusster« zu leben, also sich auf das, was sie hier und jetzt erleben, zu konzentrieren. In einer Fortbildung für Psychologen, die ich besuchte, verbrachten wir eine ganze Stunde mit dem Versuch, »die Augenblicke, die wir erleben, bewusst zu erleben« und sie anschließend einander zu beschreiben. Es war erstaunlich, wie schwer diese Übung einem Saal von Leuten mit Doktortitel fiel, die den Großteil ihres bisherigen Lebens damit zugebracht hatten, sich auf die Zukunft vorzubereiten. Viele gestanden, dass sie vor lauter Ausbildung ihrer linken Gehirnhälfte diese Kunst, im Hier und Jetzt zu sein, schier verloren hatten.

Aber wie gesagt, die Forschung zeigt, dass dann, wenn die Psychologen ihre Patienten dazu bringen können, mit ihrem Leben, ihren Gefühlen und Erfahrungen im »Jetzt« zu sein, ihre Depressions-, Stress- und andere Krankheitssymptome zurückgehen.

Bewältigung durch Verdrängen?

Die Unfähigkeit vieler Menschen, bewusst in der Gegenwart zu leben, ist zum Großteil eine Folge des Versuchs, in der Zukunft zu leben, um das, was man hier und jetzt erlebt, nicht verarbeiten zu müssen. Diese Menschen sind wie der berühmte Hamster in seinem Rad: Wenn ich schnell genug vorwärtsstrample, kann ich meinen Gefühlen vielleicht entfliehen. Dieses Verhalten ist oft ein in der Kindheit eingeübter Bewältigungsmechanismus, um schmerzlichen Gefühlen zu entgehen oder sich die Illusion zu verschaffen, dass man Situationen, die schmerzlich oder stressbeladen sind, unter Kontrolle hat. Das Problem ist nur, dass dieser Bewältigungsmechanismus im Laufe der Zeit vom Freund zum Feind wird, der nur noch mehr Stress erzeugt und einen daran hindert, sich seines Lebens zu freuen. Diese Menschen nehmen ihre Vergangenheit in die Gegenwart mit, wo sie sie ständig neu erleben. So ist das menschliche Gehirn gebaut.

Wenn Stressauslöser »erlernt« sind

Es war auf einer Veranstaltung für Führungskräfte. Mit von der Partie war der ehemalige britische Premierminister

Tony Blair, und mir war die Aufgabe zugefallen, ihn in einem Interview über seine Erfahrungen als Staatsmann zu befragen. Ich wollte wissen, wie man sich in seiner Position so fühlte, was für Druck und Stress es gab usw. Er berichtete mir unter anderem, wie vor jedem »Prime Minister's Questions«, einer schonungslosen Fragerunde mit dem Premierminister, die das britische Parlament in regelmäßigen Abständen abhält, sein innerer Stresspegel nach oben ging. Er hätte seine Uhr danach stellen können.

Aber das Interessante war, so fuhr er fort, dass er noch jetzt, Jahre nach seinem Ausscheiden aus dem Amt, merkt, wie er nervös wird, wenn der Termin der nächsten Prime Minister's Questions näher kommt. Sein Gehirn schaltet nach alter Gewohnheit auf Alarmstufe Rot, obwohl er diese Fragerunde gar nicht mehr mitmachen muss. Dies ist ein Zeichen dafür, dass er wahrscheinlich dort, wo er sich gerade befindet, »nicht ganz da ist«. Die innere Anspannung geht erst dann zurück, wenn er sich bewusst auf das Hier und Jetzt konzentriert und sich daran erinnert, dass er ja »hier« ist und nicht mehr »dort« (im Parlament).

Wie ist das bei Ihnen? Hat Ihr Gehirn es sich auch angewöhnt, in ständiger Alarmbereitschaft zu leben, was die Zukunft bringen könnte, sodass Sie mehr in der Zukunft als im Heute leben? Wenn Sie nicht aufpassen, können Sie das, was Gott heute mit Ihnen vorhat, glatt verpassen, und das nur wegen eines alten Stressreflexes.

Machen Sie das Beste aus der Gelegenheit, die Sie *jetzt* haben

Die Bibel hat uns einiges Wichtige über das Leben im »Heute« zu sagen (das ja das einzige Leben ist, das wir haben). Ich habe oben die Anweisung von Jesus aus der Bergpredigt zitiert, uns nicht um morgen zu sorgen, sondern heute zu leben. Der Prediger Salomo im Alten Testament sagt das Gleiche, ja, die Anweisung zieht sich wie ein roter Faden durch die Bibel. Der Apostel Paulus hat es so ausgedrückt:

> *Achtet sorgfältig darauf, wie ihr lebt; handelt nicht unklug, sondern bemüht euch, weise zu sein. Nutzt jede Gelegenheit, in diesen üblen Zeiten Gutes zu tun. (Epheser 5,15-16)*

Jede Gelegenheit nutzen – das kann vieles bedeuten, aber es heißt auf jeden Fall, dass wir das Hier und Jetzt, den jetzigen Augenblick, nutzen. Ihr Leben, das ist da, wo Sie jetzt, in diesem Augenblick sind. Das ist das Wichtigste, was Ihnen im Augenblick passieren kann, denn sonst wären Sie ja woanders. Leben Sie diesen Augenblick also. Aber um das machen zu können, müssen Sie sich konzentrieren, und das ist eine Disziplin, die man lernen muss.

Ich musste sie als Schriftsteller lernen. Ein Buch ist ein Projekt, das erst aufhört, wenn es fertig ist. Bis zur letzten Seite klebt es an einem. Ich schreibe gerne, aber die Verlage haben ihre Zeitplanung und ihre Abgabetermine, und das ist nicht immer lustig.

Wenn ich wieder ein Buchprojekt habe, spüre ich diesen Termindruck, auch wenn ich gerade nicht schreibe, sondern etwas anderes mache, und dieser Druck kann dazu führen, dass ich Probleme habe, dieses andere bewusst zu erleben. Am meisten Disziplin lernen musste ich, als es darum ging, mir trotz Termindruck Zeit für meine beiden Mädchen zu nehmen. Ich spiele sehr gerne mit ihnen; es ist für mich das volle Leben, mit ihnen auf dem Fußboden zu spielen oder in den Park zu gehen. Aber diese Momente helfen mir natürlich nicht, meine

Abgabetermine einzuhalten, und so passierte es mir manchmal, dass ich beim Spielen mit den Mädchen nicht ganz »da« war, sondern stattdessen darüber nachdachte, was ich noch alles schreiben musste.

Und dann kam es mir eines Tages: Du bist jetzt nicht am Schreiben, sondern am Spielen. Also hör auf zu schreiben, während du spielst, Henry! Sei hier. Ich musste es lernen, richtig da zu sein und diese Stunden bewusst zu erleben. In die Augen meiner Kinder zu schauen, zu spüren, wie es mir bei dem Gedanken daran, was für zwei Wunder sie sind, warm ums Herz wurde. Keine Arbeit konnte mir eine solche Freude bringen! Und ich entdeckte: Wenn ich es lernte, »hier« zu sein, dann war dieses »Hier« etwas Wunderbares und ich konnte trotz meines Termindrucks glücklich sein. Es war eine tolle Entdeckung.

Diese Entdeckung wurde mir zu einer Lehre über das Leben überhaupt. In immer mehr Bereichen meines Lebens begann ich, wieder mehr im Jetzt zu leben, aber der Bereich, für den ich am dankbarsten bin, ist die Beziehung zu meinen beiden Mädchen. Ich hatte in der Gefahr gestanden, eines Tages zu erleben, wie sie das Haus verließen, und zu spät zu merken, dass ich die Freude, die sie mir brachten, verpasst hatte, weil ich die ganze Zeit da gewesen und doch nicht da gewesen war. Ich muss sagen: Dies war eine der wichtigsten Lektionen in meinem Leben, und ich hoffe, dass auch Sie sie lernen werden. Das Leben in der Gegenwart wird Ihren Stress reduzieren und Ihr Glück steigern. Und wenn die Gegenwart nicht schön, sondern traurig ist? Dann hilft mir die Auseinandersetzung mit diesen Gefühlen, sie schneller hinter mich zu bringen. Gefühle, die wir verdrängen, bleiben gleichsam in unserem System hängen und melden sich immer wieder, so lange, bis wir sie konfrontieren. Also: Ob in guten

Das Leben in der Gegenwart wird Ihren Stress reduzieren und Ihr Glück steigern.

oder schlechten Zeiten, die Regel lautet: Sei da. Lebe in der Gegenwart.

Das Leben genießen

Die Kunst des »Genießens«, wie die Experten sie nennen, besteht schlicht darin, sich ganz auf das Leben zu konzentrieren und es voll auszukosten – meine Gefühle auf mich einwirken zu lassen, mit offenen Augen zu sehen, was alles um mich herum ist, das Gute, das mir jeder Tag bringt, zu feiern. Die Bibel fordert uns an vielen Stellen dazu auf. Hören wir, was Salomo uns sagt:

> *So erkannte ich, dass es nichts Besseres für den Menschen gibt, als sich an den Früchten seiner Arbeit zu freuen.*
> *Auch wenn Gott einem Menschen Reichtum und viele Güter gegeben hat und der Mensch diese aus der Hand Gottes annehmen und sich trotz seiner Mühe daran freuen kann, ist es ein Geschenk Gottes.*
> *Wenn ein Mensch viele Jahre lebt, so soll er sich über jeden einzelnen Tag seines Lebens freuen.*
> *(Prediger 3,22; 5,18; 11,8a)*

Wie ist das bei Ihnen? Können Sie sich über jeden Tag, ja, Augenblick freuen? Ist Ihnen klar, dass Ihr Leben aus den vielen Augenblicken des Hier und Jetzt besteht? Egal, was Sie für »später« erwarten oder wodurch Sie gerne glücklich werden wollen, Tatsache ist, dass Sie dort sind, wo Sie jetzt sind, und das Hier und Jetzt genießen zu lernen, ist ein absoluter Schlüssel dazu, die Mentalität des Glücklichen zu bekommen. Wir finden das Glück in der Dankbarkeit, Liebe, Wertschätzung usw. für all das, was wir *jetzt* haben und erleben, und nicht in dem, was »irgendwann« vielleicht sein wird.

Ich habe einen Freund, der in der Wirtschafts- und Bankenkrise von 2008 buchstäblich ein Vermögen verlor – Millionen von Dollar. Er sank in eine Depression, die nicht weggehen wollte, weil alles, woran er denken konnte, das Geld war, das er da verloren hatte, und wie lange er brauchen würde, um diesen Verlust wettzumachen, »wenn mir das je gelingen wird«. Er sah einen schwarzen Tunnel vor sich, an dessen Ende kein Licht war. Er sagte mir, dass er keinen Ausweg aus diesem Elend sah.

Eines Abends, als ich ihn und seine Frau und zwei Kinder besuchte, erzählte er mir gegen Ende des Abendessens wieder, wie er den Eindruck hatte, dass sein Leben vorbei war. Wir hatten das ganze Essen hindurch miteinander gelacht und schöne Erinnerungen ausgetauscht und auch die Kinder waren sehr unterhaltsam gewesen. Es war ein richtig gelungener Abend. Aber jetzt, wo mein Freund wieder daran denken musste, was er alles verloren hatte, wurden sein Gesicht und seine Stimme todernst. Nein, was er da hatte, es war kein Leben mehr …

Als er fertig war, fragte ich ihn: »Und wie ist dein Leben jetzt, in diesem Augenblick?«

Sein Gesicht wurde ein Fragezeichen. »Wie meinst du das?«

»Na, wie war die letzte Stunde so – bevor wir angefangen haben, über die Zukunft und unser Geld zu reden? Wie war der Abend bis dahin?«

»Äh … gut, ich meine, er hat echt Spaß gemacht«, erwiderte er.

»Richtig«, sagte ich. »Und ich habe den Verdacht, dass dein Leben auch gut ist, Richard. Sehr gut sogar. Es hat viele gute Stunden wie die heute Abend. Das Essen hat dir geschmeckt, du hast gelacht, du warst gerne mit deiner Frau und den Kindern zusammen, du hast mit mir in den Erinnerungen an die guten alten Zeiten geschwelgt. Du hast mir auch erzählt, dass ihr heute einen tollen Tag am Strand hattet. Wenn du mal nachdenkst, wirst du feststellen, dass die meisten Augenblicke in deinem Leben gut sind. Die Dinge, die dir echte Freude und Glück geben – deine Frau, deine Kinder, der Austausch mit deinen Freunden, ein gutes Essen und ein gutes Glas Wein –, all das hast du nach wie vor. Und sei mal ehrlich: Das ist dein Leben. Dein Leben ist glücklich. Aber du schaust nicht auf dein Leben, sondern starrst stattdessen auf dein verlorenes Geld, das doch mit deinem eigentlichen Leben nichts zu tun hat. Du bist so auf deinen Kontostand fixiert, dass du nicht mehr dein eigentliches Leben siehst, das, wie du gerade selber sagtest, viele gute Stunden hat. Hast du vergessen, dass Jesus gesagt hat, dass unser Leben nicht aus unserem Besitz besteht?[10] Dein Leben besteht aus den Erlebnissen, die du mit deinen Lieben hast, und aus dem, was für dein Herz, deinen Geist und deine Seele wichtig ist, und nicht aus einem Kontostand, den du dir irgendwann in der Zukunft zurückerarbeiten willst. Dein Leben geschieht nicht morgen, sondern heute, und was die Dinge betrifft, die wirklich wichtig sind, ist es heute immer noch so gut wie damals, als du all das Geld hattest. Dein Leben ist gut. Pack's beim Wickel und du wirst ein glücklicherer Mensch werden!«

Ihr Leben besteht aus den Erlebnissen, die Sie mit Ihren Lieben haben, und aus dem, was für Ihr Herz, Ihren Geist und Ihre Seele wichtig ist.

»So hab ich das noch nie gesehen«, sagte mein Freund. Ich merkte, wie sein Blick anders wurde. Ging da ein Licht an in ihm? Ich konnte es nur hoffen.

So viele Menschen verpassen das Leben, das vor ihrer Nase liegt und das, wenn sie es genießen würden, ihre Stimmung, ihre Lebenseinstellung, ihren Blutdruck, Stress und hundert andere Dinge, die mit ihrem Wohlbefinden zu tun haben, positiv verändern würde. Aber sie sehen nicht auf den Augenblick, in dem sie sich befinden, sondern auf die »Irgendwanns« in ihrer Zukunft.

Wenn wir einem traurigen Menschen sagen: »Hör doch, wie schön die Vögel gerade singen« oder etwas Ähnliches, ist das mehr als eine Plattitüde. Es ist ein psychologisch grundsolider Ratschlag, der aus dem Herzen Gottes kommt. Es ist ja Gott, der uns unsere Sinne und die Fähigkeit, jeden Augenblick zu genießen, gegeben hat. Also: Nehmen Sie ein warmes Bad und spüren Sie, wie das Wasser Ihre Muskeln entspannt. Machen Sie einen Spaziergang und schauen Sie zu den wunderbaren Baumkronen hoch. Schauen Sie in das Gesicht eines kleinen Kindes und spüren Sie, wie Freude Ihre Seele füllt. Spüren Sie das Streicheln der Sonne auf Ihrer Haut, während Sie am Strand liegen. Springen Sie in an einem heißen Sommertag ins Schwimmbecken und lassen sich von der Kühle des Wassers umhüllen. Und was gibt es nicht für Mahlzeiten ... Aber dies ist nicht ein Kapitel über meine Gelüste. Einigen wir uns darauf, dass Gott uns so verdrahtet hat, dass wir das Leben genießen sollen. Wenn wir das tun, wird unsere Stimmung und unsere ganze Einstellung sich ändern. Das Leben genießen ist eine Fertigkeit, die eingeübt sein will, aber es gehört auch zu den »Wegen« Gottes, die wir gehen sollen.

Ich weiß noch, wie ich einmal einem Ehepaar, das Probleme hatte, riet, einmal pro Woche auszugehen und sich einen schönen Abend zu machen. Und an diesem Abend sollten die beiden nicht über ihre Probleme reden, sondern sich einfach über ihr Beisammensein freuen, wie in den guten alten Zeiten. Die Frau rollte prompt die Augen und schüttelte den Kopf.

»Finden Sie das keine gute Idee?«, fragte ich sie.

»Nein«, sagte sie. »Weil mein Mann die ganze Zeit nur auf sein Handy starren und seine E-Mails abrufen und beantworten wird. Mit mir wird er keine Silbe reden, ich könnte genauso gut alleine dasitzen.«

Mein Herz wurde schwer. Hier hatte dieser Mann eine einmalige Gelegenheit, mit seiner Frau zu reden, an der er sich, wie die Bibel sagt, doch freuen sollte (Sprüche Salomos 5,18), aber sie hatte die Erfahrung gemacht, dass er immer woanders war, wenn er mit ihr zusammen war. Er war da und doch nicht da. Während er die nächste E-Mail öffnete, auf der Suche nach dem Geschäftsabschluss, der ihn glücklicher machen würde, saß sein Glück buchstäblich ihm gegenüber, aber er ließ es an sich vorbeigehen.

Vor Kurzem besuchte ich einen Freund, der ein Haus an einem See hatte. Er führte mich durch das Anwesen. Als wir durch den Garten gingen, zeigte er mir den Blick auf das Wasser mit dem Orange des Sonnenuntergangs im Hintergrund. Dann zeigte er auf eine Schaukel, die von zwei alten Bäumen herabhing, und sagte: »Ich bin kein Psychologe, aber so viel weiß ich: Egal, was für ein Problem du hast, wenn du dich auf diese Schaukel setzt und den Sonnenuntergang betrachtest und die Hand eines Menschen hältst, den du liebst, wird alles besser werden. Das ist meine Psychologie.« Er war ein Mann, der in seinem Beruf sehr erfolgreich war, aber was ihm im Leben am wichtigsten war, konnte jeder andere auch haben. Ich musste denken: *Wie viele Menschen an diesem See haben nicht die Fähigkeit, ihn so zu genießen wie mein Freund?* Er hatte echten Reichtum gefunden – nein, nicht durch dieses Haus am Seeufer, sondern darin, dass er sich über einen schönen Sonnenuntergang und die liebe Hand eines Menschen freuen konnte. Diese Fähigkeit meinte Jesus, als er sagte, dass das »Leben« eines Menschen nicht aus seinem Besitz und aus seinen Plänen besteht. Mein Freund hatte diese Fähigkeit.

Also: Wenn Sie glücklicher werden wollen, dann schauen Sie sich an, wie Sie auf die Augenblicke, die Ihnen jeder Tag bringt, reagieren. Ergreifen Sie sie. Genießen Sie sie, feiern Sie das Gute, das Sie erleben. Denken Sie an die Begebenheiten und

Erinnerungen, die Ihnen etwas bedeuten. Schmecken, riechen, spüren, betrachten und ergreifen Sie jeden Blick, jede Mahlzeit, jeden Spaziergang und alles, was Sie machen. Wenn Sie das tun, werden Sie Ihr Leben im »Jetzt« leben und brauchen nicht fruchtlos auf das »Später« zu warten, das Sie »irgendwann« glücklich machen wird. *Jetzt* ist der Augenblick!

Glückliche Menschen haben Ziele

Ihr strahlendes Gesicht an jenem Freitag werde ich nie vergessen. Um das zu verstehen, müssen wir allerdings zurückgehen zu dem Sonntagabend davor. Ich hatte gerade angefangen, mich jeden Sonntagabend mit meinen beiden Töchtern (sie waren damals sechs bzw. acht) zusammenzusetzen und sie nach ihrem »Ziel für die Woche« zu fragen: Was wollten sie in der kommenden Woche machen, das sie in ihrem Leben wachsen und »weiterkommen« lassen würde?

Dieser Abend war etwas Besonderes, weil ich die ganze Woche unterwegs sein und erst am Freitag wieder zurückkommen würde. Ich sagte den beiden also, dass ich gespannt war, wie sie sich schlagen würden, während ich fort war. Als ich sie fragte, was sie in dieser Woche schaffen wollten, antwortete meine Jüngste, Lucy: »Papa, ich werd' zehn Bücher lesen, während du fort bist!«

»Nein, Lucy«, sagte ich, »ein Ziel muss realistisch sein. Zehn Bücher – das schaffst du nie im Leben. Wähle dir ein Ziel, das du auch schaffen kannst. Wie wär's mit fünf Büchern?« Sie müssen dazu wissen, lieber Leser, dass Lucy damals gerade erst lesen gelernt hatte; sie war noch in der Phase, in der jeder Satz Arbeit ist, und wenn es gar zu schwierig wurde, legte sie das Buch oft wieder hin. Schon fünf Bücher waren ein mehr als kühnes Ziel und an zehn war überhaupt nicht zu denken.

»Nein, Papa«, sagte sie. »Ich will zehn lesen.«

»Lucy ... nein. Lies fünf, das schaffst du, das wird dir Spaß machen.«

»Nein, Papa«, schoss sie zurück. »Ich lese *zehn*!«

»Also, gut«, erwiderte ich, meine Angst hinunterschluckend, dass das Scheitern ihres Projektes sie schwer enttäuschen und ihr das Zielesetzen vielleicht für den Rest des Lebens verleiden würde. Eines der Probleme eines Vaters, der Psychologe ist, ist ja, dass er sich bei jeder Lebensäußerung seiner Sprösslinge fragt, welche Folgen sie für die nächsten zwanzig Jahre haben wird. Eine Missetat – und er sieht vor seinem geistigen Auge, wie sie als Erwachsene im Gefängnis landen. Aber gut, wenn es sein musste … »Ich bin schon ganz gespannt!«, sagte ich, in einem so ermutigenden Ton wie möglich.

Ich machte meine Reise. Als ich am Freitagabend durch die Haustür kam, rannte Lucys Schwester, Olivia, auf mich zu und rief: »Papa! Lucy muss dir was sagen!«

»Ja? Was ist das?« Was mochte da passiert sein?

»Ich habe vierzehn Bücher gelesen!«, rief Lucy aus. Sie strahlte wie ein Honigkuchenpferd.

»*Waaas?*«, fragte ich. Ich verstand die Welt nicht mehr. »*Vierzehn?* Ich kann's nicht glauben, das ist ja der Hammer!«

Wir feierten an diesem Abend ein rauschendes Fest. Für Lucy war es ein echter Durchbruch. Heute, ein Jahr später, ist sie eine richtige Leseratte. Sicher nicht nur wegen dieser einen Woche, aber diese Woche war ohne Zweifel ein Wendepunkt und etwas, von dem wir alle lernen können. Sie zeigte etwas, das die Forschung wieder und wieder bestätigt: *Sich Ziele setzen und sie erreichen ist gut für uns.* Die Bibel drückt es so aus:

> *Langes Warten macht das Herz krank, aber wenn Träume wahr werden, herrscht Leben und Freude. (Sprüche 13,12)*

Wenn wir uns Ziele setzen und unseren Träumen Beine machen und sie erreichen, tut uns das gut. Ein Leben ohne

Ziele ist ein graues, lustloses Leben. Und die Wissenschaftler versichern uns, dass nicht nur das Erreichen unserer Ziele uns Freude bringt, sondern bereits ihr aktives Erstreben. Die Glücksforscherin Sonja Lyubomirsky drückt es so aus: »Menschen, die auf etwas hinarbeiten, das für sie persönlich wichtig ist – ob es das Erlernen einer neuen Fertigkeit ist, der Wechsel in einen anderen Beruf oder die Erziehung der Kinder zu anständigen Menschen –, sind viel glücklicher als Menschen, die keine großen Träume und Ambitionen haben. Hinter jedem glücklichen Menschen steckt ein Projekt.« Und weiter: »Der Prozess des Hinarbeitens auf ein Ziel, das Sich-einbringen in eine Aktivität, die wertvoll ist und einen fordert, ist genauso wichtig für das Wohlbefinden wie das Erreichen dieses Ziels.«[11]

Lucy war, wie ich später hörte, die ganze Woche Feuer und Flamme gewesen. Sie stand früher auf, um Zeit zum Lesen zu haben, und abends nahm sie sich die Zeit für das nächste Buch. Sie war ein Mädchen mit einer Mission, voller Motivation. Es ging nicht nur um den Freitag, sie war die ganze Woche voller Energie.

Den Sprint dieser einen Woche kann man natürlich nicht ein ganzes Leben lang durchhalten. Das Leben ist kein Sprint, sondern ein Marathonlauf. Aber was wir über Ziele wissen, sagt uns, dass sowohl die Hundert-Meter-Läufe der kurzfristigen Ziele als auch der Marathonlauf unserer Lebensziele uns zufriedener und gesünder machen. Sie geben uns etwas, in das wir uns mit unserer Leidenschaft und unseren Stärken ganz einbringen können. Sie bringen unser Leben in Bewegung, was bereits ein Glücksfaktor für sich ist. Sie geben ihm Struktur und Richtung. Sie helfen uns, unsere Zeit und Energie einzuteilen, und schenken uns hundert andere Dinge, die das Leben schöner machen.

Nicht jedes Ziel tut's

Nicht lange nach Lucys Leserekord machte ich einen Spaziergang mit meiner Ältesten, Olivia, die damals acht war. Wir unterhielten uns über dies und das, und dann sagte sie: »Du, Papa, ich muss mal mit dir über diese Ziele für die nächste Woche reden.«

»Okay, schieß los«, sagte ich, halb gerührt, dass ihr die Sache so wichtig war.

»Also, das klappt bei mir nicht. Ich mag das nicht«, sagte sie.

»Warum klappt es nicht?«, fragte ich.

»Also, jede Woche fragst du uns nach unseren Zielen, und wenn wir keine haben, sagst du, wir sollen uns eins ausdenken.«

»Ja ... und? Wo ist da das Problem?«

»Na, das ist dann doch kein Ziel! Ein Ziel ist nicht was, was man sich extra ausdenken muss. Wenn es einem nicht auch so einfällt, sondern man muss erst nachdenken, kann es kein Ziel sein. Ein Ziel, das muss im Herzen drin sein und von selber rauskommen«, sagte sie. »Wenn ich mir das erst ausdenken muss, will ich das nicht machen.«

Mein Gehirn schaltete instinktiv zu den Ergebnissen der Zielforschung um und wie diese sagen, dass die Ziele, die wir tatsächlich verfolgen und erreichen und die unserem Leben Sinn geben, die »inneren« sind, während Ziele, die einem von außen vorgegeben werden, nicht so wertvoll sind. Mit anderen Worten ...

Olivia *hatte recht*. Ich suchte hektisch nach einem Ausweg. »Also, das stimmt nicht ganz«, sagte ich.

»Warum stimmt das nicht?«, fragte Olivia.

»Na, weißt du noch, wie du vor ein paar Tagen zu mir kamst und sagtest, dass dir langweilig war, und ich sagte dir, dass du das selber ändern musst? Du bist darauf in dein Zimmer gegangen und hast die alte Spielzeugkiste aufgemacht und einen Haufen alte Spielsachen darin gefunden, mit denen du dann eine ganze Stadt gebaut hast. Das hat dir riesig Spaß gemacht, weißt du noch?«

»Ja, und?«

»Nun, dein Herz ist geradeso wie diese Schatzkiste. Manchmal weißt du nicht, was drin ist, bis du es aufmachst und suchst, und dann findest du tief drinnen einen Schatz – einen Wunsch, den du gar nicht bemerkt hattest, und dieser Wunsch wird zu einem Ziel. Das ist der Grund, warum ich euch manchmal bitte, euch was auszudenken.« Ich kam mir vor wie jemand, der seinen Kopf aus der Schlinge gezogen hatte.

Sie antwortete nicht sofort, sondern ging ein paar Schritte weiter. Dann sagte sie, wie ein Richter, der das Urteil fällt: »Nee. Das ist trotzdem kein Ziel.«

Es kann einem nicht alles gelingen, dachte ich. Aber wir machen am Sonntag immer noch unsere Ziel-Sitzungen.

Entscheiden Sie selber, ob ein Ziel auch dann noch ein »inneres« Ziel ist, wenn man erst nach längerem Nachdenken darauf kommt. Ich glaube, es *ist* ein inneres Ziel, denn viele Menschen haben für ihre wahren Wünsche, Motivationen, Gaben und Tendenzen keine richtige Antenne. Und ich glaube auch, dass wir uns im Laufe der Zeit entwickeln, und wenn Olivia ein paar Jahre mehr als ihre acht hinter sich hat, wird sie sich vielleicht meiner Meinung anschließen.

Die Ziele, die wir tatsächlich verfolgen und erreichen und die unserem Leben Sinn geben, sind die »inneren« Ziele.

Ich glaube, dass ich sowohl die Wissenschaft als auch die Bibel auf meiner Seite habe. Forschungen haben gezeigt, dass »innere« Ziele – also Ziele, die gleichsam aus mir selber und aus meinem Wesen kommen und die mir nicht von außen vorgegeben werden – die stärksten Ziele sind. Und auch die Bibel sagt, dass wir uns auf nichts einlassen sollen, das nicht in Übereinstimmung mit dem ist, wer wir sind. Sie fordert uns auf, uns nicht an der Welt und dem, was sie von uns verlangt, zu orientieren, sondern unsere wahren Gaben zu entdecken und sie nach bestem Wissen und Gewissen einzusetzen (vgl. Römer 12,1-18).

Was für Ziele passen zu mir?

Also: Packen Sie die Ziele, die aus Ihrem Herzen herausspringen, wo sie lange gelegen haben, oder graben Sie in Ihrem Herzen, um Ihre eigentlichen Wünsche zu finden. Wie auch immer, fangen Sie an! Achten Sie darauf, dass Ihre Ziele wirklich *Ihre* Ziele sind und nicht die von jemand anderem. Ich habe zurzeit das Ziel, dieses Buch fertig zu bekommen, es macht mir Spaß, daran zu arbeiten, und ich weiß, dass ich in etwa einem Monat, wenn alles fertig ist, glücklich und zufrieden sein werde. Aber hier einige Regeln, die Ihnen beim Zielesetzen helfen können:

Wählen Sie Ziele, die zu Ihren Stärken und Gaben passen. Wenn ich das Ziel hätte, Weltmeister im Boxen zu werden, würde ich jämmerlich scheitern. Ein Ziel zu haben, ist noch lange keine Garantie dafür, dass man glücklich wird. Darum fordert Gott uns auf, im Leben den Weg zu gehen, der zu uns passt.

Teilen Sie Ihre Ziele in realistische Unterziele auf. Als ich mit diesem Buch anfing, konnte ich mich nicht einfach hinsetzen und sagen: »Jetzt schreibe ich ein Buch.« Ich musste erst herausfinden, wie lang es werden sollte und wann mein Verleger das fertige Manuskript haben wollte, und dann musste ich mir die Arbeit einteilen: soundsoviel Text pro Woche zwischen Arbeitsbeginn und Abgabetermin. Mein großes Ziel besteht also aus vielen kleinen Zwischenetappen.

Sorgen Sie dafür, dass Ihre Ziele sich nicht beißen. Vor Jahren hielt ich einen ganzen Workshop, in dem es darum ging, dass die Teilnehmer lernten, ihre Ziele klar zu erkennen und etwaige Konflikte zwischen ihnen aufzulösen. Das Ergebnis: Viele Teilnehmer, die lange Zeit mit angezogener Handbremse durchs Leben gezockelt waren, kamen endlich richtig in Fahrt. Man kann zum Beispiel nicht zwei Ziele erreichen, die beide die gleichen Plätze in unserem Terminkalender beanspruchen. Ich kann auch nicht ein Ziel erreichen, das mein Freund oder mein Nachbar schlecht findet, wenn ich gleichzeitig das Ziel habe, ihn glücklich zu machen; ich muss mich schon für eines dieser Ziele entscheiden.

Weiter: *Mit System und Hilfe geht alles besser.* Wenn Sie sich zum Beispiel einer Selbsthilfegruppe anschließen, die Ihnen beim Abnehmen helfen soll, wird Ihnen ein systematisches Programm helfen. Ein persönlicher Trainer oder ein Seminar können Sie entscheidend nach vorne bringen. Das Gleiche gilt für finanzielle Ziele, ja, für Ziele überhaupt. Ein systematisches Vorgehen ist sehr wichtig, um Ziele zu erreichen, vor allem dann, wenn Selbstdisziplin nicht Ihre Stärke ist. Unterschätzen Sie nicht den Faktor »Hilfe«. Die Wissenschaft hat festgestellt, dass die Unterstützung durch andere ein Kernfaktor beim Erreichen von Zielen ist. Der gute alte Freund, der mit einem geht, ist durch nichts zu ersetzen. Im Prediger Salomo heißt es:

> *Zwei haben es besser als einer allein: Zusammen erhalten sie mehr Lohn für ihre Mühe. Wenn sie hinfallen, kann einer dem anderen aufhelfen. Doch wie schlecht ist der dran, der allein ist und fällt, und keiner ist da, der ihm beim Aufstehen hilft! Es können sich zwei, die in*

einer kalten Nacht unter einer Decke liegen, aneinander wärmen. Doch wie kann einer, der alleine liegt, warm werden? Ein Einzelner kann leicht von hinten angegriffen und niedergeschlagen werden; zwei, die zusammenhalten, wehren den Überfall ab. Und: Ein dreifaches Seil kann man kaum zerreißen. (Prediger 4,9-12)

Menschen mit Beziehungen gelingt alles im Leben besser, vor allem aber das Setzen und Erreichen von Zielen. Selbst bei Zielen, die nur einen selber betreffen, steigt die Erfolgswahrscheinlichkeit drastisch, wenn man sich mit einem anderen Menschen oder einer kleinen Gruppe, die einen unterstützt, zusammentut. Vor Kurzem bat mich ein Freund wegen seines Gewichtsproblems um Rat. Er sagte, dass er schon oft abgenommen hatte, danach aber gleich wieder zunahm. (Er wiegt zur Zeit an die 300 Pfund.)

Ich fragte ihn, wie er die Gewichtsreduzierungen erreicht hatte, und er nannte mehrere bekannte Methoden, die alle mit Selbsthilfegruppen arbeiten. Ich fand es komisch, dass er trotzdem sein Gewicht nicht nachhaltig senken konnte, wo er doch anfangs so erfolgreich gewesen war, und bohrte weiter: »Und was hat die Gruppe gemacht, wenn es bei dir wieder rückwärtsging?«

Menschen mit Beziehungen gelingt alles im Leben besser, vor allem aber das Setzen und Erreichen von Zielen.

»Ich bin da nicht mehr hingegangen«, sagte er. »Ich bin nicht so der Gruppentyp.«

»Ich möchte dir nicht wehtun«, sagte ich, »aber die Forschung hat gezeigt, dass die Gruppe einfach dazugehört. Wenn du da aussteigst, senkt das deine Erfolgschancen enorm. Solange du in die Gruppe gingst, hast du abgenommen, und als du weggeblieben bist, kamen die Pfunde prompt wieder. Du bist ein lebender Beweis, dass die Wissenschaftler recht haben.«

Ich fuhr fort: »Ich halte dir keine Gardinenpredigt, dass du da wieder hinmusst, ich berichte dir einfach die Fakten. Die sind nicht gut oder böse, die sind einfach da, wie die Schwerkraft. Du musst selber entscheiden, was du machst, aber die Forschung zeigt eindeutig, dass du *mit* so einer Gruppe viel mehr Chancen hast, deine Ziele zu erreichen. So ist das nun mal.«

Er konnte nur nicken. Mit Fakten kann man nicht diskutieren, man kann sich nur aussuchen, ob man mit ihnen oder gegen sie lebt. Sie möchten Ihre Ziele erreichen? Suchen Sie sich einen oder mehrere Weggefährten.

Eine weitere Regel zum Erreichen von Zielen lautet: Suchen Sie sich Ziele, die zu Ihren Werten und der Struktur Ihres Lebens passen – Ziele, die Ihrem Leben einen echten Sinn geben. Die Ziele, die Sie am glücklichsten machen, sind die, die Ihnen echt etwas bedeuten.

Und nicht vergessen: Das Glück liegt nicht in erster Linie im Erreichen der Ziellinie, sondern in dem Wettlauf oder der Reise selber. Was uns zur nächsten Regel bringt: *Suchen Sie sich solche Ziele, zu deren Erreichen Sie Dinge tun müssen, die Sie gerne machen.*

Sie wollen fitter werden, aber Jogging hassen Sie? Dann strampeln Sie doch einfach auf einem Heimtrainer und schauen sich dabei Ihre Lieblings-DVD an. Sie wollen etwas für die Obdachlosen in Ihrer Stadt tun, aber haben Angst davor, sich als Straßenarbeiter zu betätigen? Engagieren Sie sich in der Finanzierung eines privaten Obdachlosenasyls; setzen Sie es sich zum Ziel, hundert neue Spender zu gewinnen. Sorgen Sie dafür, dass Sie die Schritte, die Sie zum Ziel bringen, möglichst gerne tun.

Gut, Sie können nicht erwarten, dass Sie buchstäblich jede Minute des Hinarbeitens auf ein großes Ziel genießen. Jedes Ziel, das sein Geld wert ist, verlangt irgendwo auch Opfer. Ich hörte einmal ein Interview mit einer Olympia-Schwimmerin und Goldmedaillengewinnerin, die jeden Morgen um fünf Uhr aufstand und als Erstes in ein Kaltwasserbecken stieg, um zu trainieren. Sie sagte: »Ich hasse das. Ich hasse Frühaufstehen und ich hasse kaltes Wasser.« Ein anständiges Ziel zu erreichen, ist kein Spaziergang. Aber ich bin sicher, dass diese Frau gerne schwimmt und gerne an Olympischen Spielen teilnimmt, und so steht sie eben doch in aller Frühe auf und geht in das kalte Wasser, weil dies zu dem Weg, der sie zu dem großen Ziel führt, dazugehört. Also: Seien Sie bereit, Opfer zu bringen, aber tun Sie dies für Ziele, die Sie lieben.

Das große und das kleine Bild

Und nicht vergessen: Im Leben geht es immer um das große, aber auch um das kleine Bild. Es gibt Lebensziele, Fünfjahresziele, Jahresziele, Monatsziele, Wochenziele und Tagesziele. Ich mag es, nicht nur an das große Bild in meinem Leben und meiner Arbeit zu denken, sondern auch an die kleinen Ziele. Als ich heute zum Beispiel mit dem Schreiben anfing, fragte ich mich: *Was wird für mich am Ende dieses Tages ein guter Schreibtag gewesen sein?* Und ich versah dieses Ziel mit einer Seitenzahl, und bis zum Ende dieses Tages werde ich, wenn es nicht zu viele Unterbrechungen gibt, mein Ziel erreicht haben und viel glücklicher sein, als wenn ich es verfehlt hätte.

Und dieser Tag wird zu anderen Tagen hinzugefügt werden, die mir eine ganze Woche Erfolg schenken werden und dann einen Monat und so weiter, bis ich eines Tages dieses Buch fertig habe, und dieses erreichte Ziel wird ein Teil meines großen Lebensziels und -sinns sein, anderen Menschen hilfreiche Informationen zu geben, die ihr Leben leichter machen. (Beurteilen Sie selber, ob dieses Buch hilfreich für Sie ist oder nicht.) Aber das große Bild kommt nicht zustande ohne die vielen täglichen kleinen Ziele. Beides gehört zusammen. Sie wollen fünfzig Pfund abnehmen? Dann setzen Sie sich das kleine Ziel, jeden Tag einen 45-Minuten-Marsch durch die frische Luft zu machen. Kleinvieh macht eine Menge Mist.

Machen Sie Ihre Ziele konkret, messbar, erreichbar, realistisch und auch zeitlich machbar. Träumen Sie groß, aber machen Sie diesen großen Traum zu etwas Realem, das erreichbar und messbar ist und in die reale Welt der Zeit und der Termine hineinpasst. Reale, erreichbare, systematische Ziele werden Sie motivieren und Ihnen die nötigen Erfolgserlebnisse auf dem Weg verschaffen.

Gott hat Sie zu seinem Ebenbild erschaffen, als Persönlichkeit, die kreativ ist, die Gaben und Talente und Intelligenz hat und in eine Zukunft hineinsehen kann, die es noch nicht gibt. Ziele helfen Ihnen, diese verschiedenen Eigenschaften unter einen Hut zu bringen. Schaffen Sie Ihre Träume, die großen und die kleinen, und setzen Sie Ihre Talente und Fähigkeiten ein, um das Morgen, das Ihnen da vorschwebt, Realität werden zu lassen. Es wird Sie glücklicher machen. Bestimmt.

Glückliche Menschen bringen sich voll ein

Haben Sie es auch schon erlebt, wie Ihnen die Zeit »wie im Flug verging«? Sie sind mit etwas beschäftigt und Sie gehen so darin auf, dass Sie gar nicht mehr merken, wie die Zeit vergeht, bis Sie am Ende sagen: »Wo ist die Zeit nur geblieben?« Und haben Sie auch schon einmal das Gegenteil erlebt? Sie sind so wenig bei der Sache, dass die Zeit stillzustehen scheint. Die Minuten schleichen dahin und Sie fragen sich: »Wann kann ich endlich etwas anderes tun?«

Eine Minute ist eine Minute und eine Stunde eine Stunde. Aber je nach der Situation, den beteiligten Menschen und dem, was sie gerade machen, kann eine Minute oder eine Stunde ganz verschiedene gefühlte Längen haben. Es gibt Situationen, wo Minuten sich wie Stunden anfühlen. Wie ist so etwas möglich? Wie kann die gleiche Zeitspanne sich in verschiedenen Situationen so verschieden anfühlen?

Wir kennen nicht alle Gründe und das ganze Phänomen der Zeit hat ja etwas Geheimnisvolles an sich. Aber die Forschung sagt uns ein paar Dinge zu dem Thema, und eines von ihnen ist genau dasselbe, was die Bibel uns auch sagt: *Das gute Leben ist das Leben, das sich voll einbringt.* Wieder und wieder fordert die Bibel uns auf, das, was wir tun, von ganzem Herzen zu tun (vgl. Kolosser 3,23).

Was bedeutet das? Es bedeutet, dass ich dann, wenn ich in dem, was ich gerade tue, richtig aufgehe, ein glücklicherer Mensch bin und die Zeit schier nicht mehr wahrnehme; falls ich überhaupt an sie denke, wünsche ich mir, mehr zu haben und nicht weniger. Und das Gegenteil gilt ebenfalls: Je weniger ich in einer Tätigkeit aufgehe, umso langsamer scheint die Zeit zu vergehen (manche von Ihnen werden dieses Gefühl aus ihrer Schulzeit kennen); man wünscht sich, dass endlich etwas anderes passiert, aber bis dahin scheint es eine halbe Ewigkeit zu sein.

Die Bibel umschreibt dieses Sich-ganz-Einbringen manchmal mit dem Ausdruck »etwas *von Herzen* tun«. Etwas von Herzen tun bedeutet, voll »dabei zu sein« mit allem, was man ist und hat – und wissenschaftliche Studien haben gezeigt, dass solche Menschen glücklicher sind.

Eine der Schulen der Glücksforschung, die sich diesem Phänomen im Detail widmet, hat dafür den Fachausdruck »Flow« geprägt. »Flow« bedeutet, dass jemand völlig aufgeht in einer Tätigkeit und eine völlig neue Dimension erlebt. Mihaly Csikszentmihalyi hat dieses Phänomen intensiv erforscht und die Bedingungen herausgearbeitet, unter denen »Flow« auftritt. Als »Flow« bezeichnet er Zustände, in denen »die subjektive Wahrnehmung des Zeitablaufs sich ändert: Stunden scheinen nur Minuten zu dauern, Minuten werden scheinbar zu Stunden. Die Kombination all dieser Elemente führt zu einem tiefen Glücksgefühl, das so befriedigend ist, dass die betreffenden Menschen den Eindruck haben, dass es fast jede Mühe lohnt«.[12]

Voraussetzungen für »Flow-Erlebnisse«

»Flow« passiert nicht einfach so, sondern benötigt, so Csikszentmihalyi, eine ganz bestimmte Kombination verschiedener Faktoren. Die Tätigkeit, um die es geht, muss zum Beispiel eine sein, die sowohl eine Herausforderung für uns darstellt, als auch etwas ist, das wir können. Wir müssen ganz auf sie konzentriert sein. Wir brauchen klare Ziele, müssen wissen, was von uns erwartet wird, und brauchen ein Feedback, wie gut wir sind. Wir müssen ganz in der Tätigkeit aufgehen, aber gleichzeitig ein Gefühl der Kontrolle über sie haben. Und wir müssen aufhören, uns selbst und die Zeit wahrzunehmen. Die Aktivität nimmt uns »ganz in Anspruch«, wir sind im »Flow«.

Ich staune immer wieder, wie diese Faktoren schon in der Bibel auftauchen, wenn diese uns auffordert, Dinge von ganzem Herzen zu tun, und unsere Gaben, Fleiß, Selbstbeherrschung und das Investieren in sinnvolle Vorhaben betont. Gott will nicht, dass wir unsere Zeit vergeuden, sondern dass wir sie sinnvoll investieren, auf eine Art, die uns sie vergessen lässt. Wenn ich die Berichte über »Flow-Erlebnisse« lese, muss ich immer denken, dass die »Zeitlosigkeit«, die da erwähnt wird, daher kommt, dass diese Menschen aus dem Irdischen herausgetreten sind und ein Stückchen Ewigkeit geschnuppert haben. Der Himmel kennt keine Zeit, und wenn wir dem Himmel am nächsten sind, werden auch wir zeitlos.

> Wenn ich die Berichte über »Flow-Erlebnisse« lese, muss ich immer denken, dass diese Menschen aus dem Irdischen herausgetreten sind und ein Stückchen Ewigkeit geschnuppert haben.

Aber um diesen Zustand völligen Glücks zu erreichen, müssen wir uns in Tätigkeiten einbringen, die wir wirklich lieben, und die Fertigkeiten entwickeln, die uns fähig machen, diese Aktivitäten zu genießen. Dies bedeutet auch, dass wir über uns hinausgehen. Eines der wichtigsten Ergebnisse der Flow-Forschung ist, dass man, um Flow zu erleben, aus seiner Komfortzone heraustreten und seine Grenzen gleichsam erweitern muss. Ich mag das! Glückliche Menschen sind *lebendige* Menschen. Wenn sie morgens aufstehen, nehmen sie sich vor, heute mehr zu sein und einen Schritt weiter zu gehen als gestern. Sie nehmen sich zum Beispiel vor, sich gegenüber ihrem Ehepartner auf eine Weise zu öffnen, wie sie es noch nie zuvor getan haben, etwa indem sie ihn an ihren tiefsten Ängsten teilhaben lassen. Oder sie nehmen sich in ihrem Beruf Dinge vor, die sie noch nie versucht haben, und dieser Wachstumsschritt gibt ihnen neue Energie und Engagement. Sie »wachen auf«. Sie nehmen Dinge in Angriff, die sie vor ganz neue Herausforderungen stellen. Sie gehen neue Risiken ein, beginnen ein neues Hobby oder eignen sich neue Fertigkeiten an.

Es geht hier immer wieder darum, dass wir wach, engagiert, lebendig sind. Es ist möglich, dieselbe Sache so lange zu wiederholen, bis man sie »im Schlaf kann«. Flow, Zeitlosigkeit, Glücklichsein und Erfüllung bedeuten, dass wir voll »da sind«, und dazu müssen wir uns in Aktivitäten engagieren, die uns voll in Anspruch nehmen und uns in unserem Innersten packen. Erleben Sie das, wenn Sie vor dem Fernseher hocken? Wahrscheinlich nicht. Warum fangen Sie nicht an, Ihre Zeit in etwas zu investieren, das Ihre ganze Person in Anspruch nimmt? Ein anderer Glücksforscher, Martin Seligman, schreibt:

Trotz des großen Nutzens und des Flow, die Belohnungshandlungen produzieren, ist es rätselhaft, warum wir häufig Vergnügen, ja, sogar Unlust den Belohnungshandlungen vorziehen. Die Entscheidung, am Abend ein gutes Buch zu lesen oder irgendeine alberne Serie im Fernsehen anzuschauen, fällt oft zugunsten der Sitcom aus – obwohl Befragungen immer wieder ergeben haben, dass die meisten Menschen beim Ansehen solcher Sendungen eher depressiv werden. Sich gewohnheitsmäßig für bequeme Amüsements statt für lohnendes Tun zu entscheiden, kann also seelisch ungünstige Folgen haben.[13]

Wir finden hier zwei Lektionen. Erstens: Engagieren Sie sich voll in allem, was Sie tun, und versuchen Sie, sich mehr einzubringen. Und zweitens: Verbringen Sie Ihre Zeit mit Dingen, in denen Sie voll aufgehen können. Wählen Sie Aktivitäten, die sich lohnen, Dinge, die die Zeit nicht totschlagen, sondern die Sie sie vergessen lassen. Schauen wir uns diese beiden Lektionen genauer an.

Volldampf voraus!

Diese Lektionen können es erfordern, dass Sie sich einmal gründlich selber prüfen, in zwei verschiedenen Richtungen.

Engagieren Sie sich voll

Es kann sein, dass Sie Ihre Zeit mit sinnvollen Tätigkeiten verbringen, aber nicht wirklich »dabei sind«. Dauernd kommen Ihre Ängste, Sorgen oder Konflikte dazwischen. Falls dies bei Ihnen so ist, nehmen Sie sich vor, in Zukunft immer ganz »dabei zu sein«. Vielleicht müssen Sie dazu diese Aktivitäten intensivieren und sich selbst mehr abverlangen. Doch wie auch immer: Tun Sie das, was Sie da tun, von ganzem Herzen.

Die Bibel betont immer wieder, dass der einzig richtige Lebensstil der ist, dass man alles von ganzem Herzen tut:

> *Und du, mein Sohn Salomo, lerne den Gott deines Vaters kennen. Diene ihm von ganzem Herzen und von ganzer Seele. Denn der Herr sieht ins Herz der Menschen und versteht es; er kennt jeden unserer Gedanken. (1. Chronik 28,9)*

Gott weiß es, wann wir mit dem Herzen dabei sind und wann nicht. Und eigentlich wissen unsere Mitmenschen es auch! Schauen Sie sich unter Ihren Bekannten um, sehen Sie sich ihr Leben an. Diejenigen, die wirklich glücklich sind, sind die, die von ganzem Herzen dabei sind. Menschen, die eine glückliche Ehe führen, bringen sich zu hundert Prozent in die Beziehung ein. Väter und Mütter, die Eltern aus Leidenschaft sind, bringen sich voll in die Erziehung ihrer Kinder ein. In Arbeit und Beruf sind die Topleute die, die alles geben, was sie haben, und es ist absolut frustrierend, mit jemandem zusammenarbeiten zu müssen, der nur halb bei der Sache ist. Oder wer sind die Fitten und Gesunden? Sicher nicht die, die zweimal im Jahr eine halbe Stunde joggen, weil es halt sein muss! Es gibt nur eine Art zu leben, wenn wir glücklich sein wollen: mit vollem Einsatz! Sonst leben wir nicht wirklich, wie die Flow- und Glücksforschung und die Bibel uns zeigen.

Es gibt nur eine Art zu leben, wenn wir glücklich sein wollen: mit vollem Einsatz!

Tun Sie Dinge, die sinnvoll sind

Wenn Sie anfangen, sich mehr einzubringen in das, was Sie tun, müssen Sie sich möglicherweise fragen: *Was habe ich bisher mit meiner Zeit gemacht?* Wenn die Antwort ist, dass Sie Ihre Zeit in Dinge gesteckt haben, die stumpfsinnig und langweilig sind, ist es Zeit, damit aufzuhören und wach zu werden. Suchen Sie sich Aufgaben, die Ihr ganzes Engagement fordern und es auch wert sind; Sie werden merken, wie Sie gleichsam lebendiger werden.

Bei mir hat es in meinem Beruf manchmal Zeiten gegeben, in denen ich mir, nachdem ich längere Zeit immer das Gleiche gemacht hatte, wie ein Roboter vorkam, so, als ob ich nicht mehr richtig lebendig war. Wenn ich dann Gott fragte, wie es weitergehen sollte, öffnete er mir jedes Mal neue Türen zu neuen, spannenden Aufgaben, die ich nicht erwartet hatte. Aber eines hatten sie alle gemeinsam: *Es waren Dinge, die ich noch nie zuvor getan hatte und für die ich wachsen, etwas riskieren, zu neuen Ufern aufbrechen musste.* Und jedes Mal hatte ich Angst, weil ich nicht wusste, ob ich es schaffen würde. Aber diese neuen Aufgaben verlangten auch meine ganze Aufmerksamkeit und machten mich gleichsam wieder wach. Für viele von ihnen musste ich mich in neue Themen einarbeiten, Fortbildungen besuchen oder zu Mentoren und Beratern gehen. Und all dies ließ mich wachsen.

Ich halte heute oft Vorträge, manchmal vor Tausenden von Zuhörern oder, über Satellit, sogar vor über Hunderttausend. Als ich das erste Mal so etwas machte, kam ich ganz schön ins Schwitzen. Aber dieses Lampenfieber war nichts im Vergleich zu meinem allerersten Vortrag, als ich noch ein blutiger Anfänger war. In dem Saal saßen ganze vierzig Leute, aber ich war wie gelähmt. Aber Gott half mir, über meine Grenzen hinauszugehen, und wenn wir das tun, wachsen wir. Heute kommen mir hunderttausend Zuhörer viel einfacher vor als damals die vierzig und die Sache macht mir richtig Spaß. Und ich erinnere mich an noch etwas aus diesen Phasen, als ich am Wachsen war: *Es waren sehr glückliche Zeiten.* Wie gesagt, ich hatte Angst, aber ich hatte eine Aufgabe und war voll lebendig. Dies waren mit die besten Zeiten meines Lebens – Zeiten, in denen ich im Flow lebte.

Fragen Sie Gott, was bei Ihnen als Nächstes dran ist. Vielleicht ist es etwas ganz Neues, das Ihren Horizont erweitert und Sie Flow erleben lässt. Vielleicht ist es das, was gerade vor Ihrer Nase liegt. Vielleicht müssen Sie Ihre berufliche Tätigkeit so verändern, dass Sie mehr Zeit für das haben, was Sie am besten können und was Sie am meisten fordert. Die Wissenschaft hat festgestellt, dass Firmen, die Ihre Mitarbeiter so einsetzen, besonders erfolgreich sind. Überlegen Sie sich zusammen mit Ihrem Chef, wie Sie Ihre Gaben optimal einsetzen können.

Aber egal, ob Sie das, was Sie bereits tun, besser machen oder sich ganz neuen Aufgaben zuwenden, lassen Sie die Zeit nicht vorbeischleichen. Lassen Sie sie wie im Flug vergehen, während Sie sich von ganzem Herzen einbringen und so ein Stückchen Himmel auf Erden erleben.

Glückliche Menschen öffnen sich für andere

Patrick hatte seine Karriereziele schneller erreicht als die meisten anderen Menschen. Mit Anfang dreißig bereits der Leiter einer größeren Firma zu werden, übertraf selbst seine Erwartungen. Seine Innovationen weckten das Interesse der Industrie und der Finanzakteure. Die Investoren standen förmlich Schlange, um ihr Geld in seine Projekte zu stecken. Was er anfasste, schien sich in Gold zu verwandeln.

Doch hinter den Kulissen sah es anders aus. Seine Erfolge waren zwar echt und sein Stolz auf sie ebenfalls, doch manchmal wich dieser Stolz einem anderen Leben. Was keiner wusste: Patrick führte ein Doppelleben. Dieses Doppelleben bestand nicht nur aus seinen zahlreichen Frauenaffären, sondern auch aus anderen Dingen, die der seriösen Rolle des Geschäftsmanns diametral zuwiderliefen. Auf seinen Flügen durch die USA legte er manchmal einen Zwischenstopp in Las Vegas ein, wo er Unsummen verspielte und auf Partys ging, die nicht ganz das Richtige für einen bekannten Firmenchef waren. Wenn seine Manager oder die Redakteure der Wirtschaftsfachzeitschriften ihn dort gesehen hätten, sie hätten ihn womöglich nicht wiedererkannt.

Bis sie ihm doch auf die Schliche kamen, weil einige der Frauen zu reden begannen. Sie waren ihrer Schattenexistenz müde geworden und begannen, Forderungen zu stellen. Es gefiel ihnen nicht mehr, seinen Launen und seinem Terminkalender zu dienen und doch nur die zweite Geige gegenüber dem Rest seines Lebens einschließlich seiner Familie zu spielen. Erst langsam, dann immer schneller brach das Image des seriösen Wirtschaftskapitäns, das er sich aufgebaut hatte, zusammen.

Die Enthüllungen warfen ihn schier um. Er machte einen wackeren Versuch zur Schadensbegrenzung und versuchte, sich zu verteidigen – umsonst, zu viele Details kamen ans Tageslicht. Er machte schließlich gegenüber seinem Vorstand und den wichtigsten Aktionären, die er mit seinem Verhalten leicht in eine prekäre Lage hätte bringen können, reinen Tisch. Er bekannte alles, einschließlich diverser Dinge, die noch nicht bekannt waren, und bat seine Leute um Vergebung.

Aber er machte nicht nur beruflich reinen Tisch, sondern auch *persönlich*. Er sagte dem Firmenvorstand und den anderen Menschen in seiner Umgebung, dass er sein Leben wirklich ändern wollte und dazu Hilfe brauchte. Sein Vorstand bat mich, dabei als Mentor und Begleiter zu fungieren. Er begann auch eine Therapie, und ich machte ihm Mut, sich einer Selbsthilfegruppe anzuschließen. Dem Mann schien es ernst damit zu sein, sein Leben in den Griff zu bekommen.

Als ich gemeinsam mit ihm untersuchte, wie es zu seinem Sturz gekommen war, ergab sich folgendes Bild: Er war in seinem Leben immer der »Star« gewesen; fast ständig hatte man von ihm erwartet, ein gutes Bild abzugeben, Leistung zu bringen und ja niemanden zu enttäuschen. In seiner Jugend war er der typische »Stolz der Familie« gewesen, der Starke, der von niemandem etwas brauchte, aber auf den die anderen immer zählen konnten. Dieser Mann hatte immer alles alleine schaffen müssen, er hatte kein Netz gehabt, das ihn auffing, und war innerlich sehr einsam gewesen. Aber als ich ihm dies sagte, begriff er erst nicht, was ich da meinte.

Wir sprachen weiter über das Problem, und er erkannte schließlich, dass er niemandem traute, sich von niemandem abhängig machte, ja, dass er im Tiefsten »keinen Menschen hatte«. Oh, er hatte viele Bekannte und war viel unter Menschen, aber den Teil seiner Seele, der so sehr ein hörendes Ohr und eine heilende Hand gebraucht hätte – seine tiefe Angst und Einsamkeit, seine inneren Wunden –, hatte er abgeschottet. Diesen Teil seines Lebens hatte er immer hinter den nächsten Siegerpokalen und Goldmedaillen versteckt. Was er nicht begriffen hatte, war, dass diese innere Leere in ihm, diese inneren Kämpfe und diese Sehnsucht, endlich einen Menschen zu haben, der ihn verstand, die Ursache für sein extravagantes und haltloses, ja, suchthaftes Verhalten waren. Er musste eine ganz andere Art zu leben lernen. Er musste lernen, mit anderen Menschen über seine Gefühle zu reden, auch wenn er gerade nicht der große Star war. Er musste lernen, seinen Bedürfnissen, Wunden und Ängsten Ausdruck zu geben.

»Wie meinen Sie das, wenn Sie sagen, ich soll mich anderen öffnen? Was heißt das konkret?«, fragte er mich.

»Dass Sie dann, wenn Sie sich das nächste Mal mies fühlen oder Angst haben oder einfach einsam sind, eine der Personen, die sich bereit erklärt haben, Ihnen zu helfen, anrufen und mit ihr darüber reden. Und ich möchte, dass Sie dasselbe in Ihrer Gruppe und gegenüber Ihrem Therapeuten machen.«

»Dann soll ich es denen also sagen, wenn ich wieder mal down gewesen bin?«, fragte er.

»Nicht, wenn Sie es schon gewesen sind«, sagte ich. »Rufen Sie sie an, wenn Sie gerade wieder im Loch sind. Rufen Sie sie an, wenn diese Gefühle sich wieder melden.«

»Soll das ein Witz sein?«, protestierte er. »Soll ich denen am Telefon was vorheulen?«

»Ich würde das nicht ›vorheulen‹ nennen«, erwiderte ich, »sondern ›ehrlich sein‹. Diese Probleme sind nun mal ein Teil von Ihnen und von Ihrem Leben. Dadurch, dass Sie sie so lange verdrängt haben, hat Ihre Seele, die so einen Hunger nach Zuwendung und Trost hat, ein Eigenleben entwickelt und versucht, diesen Hunger mit den unmöglichsten Dingen zu stillen. Solange Sie nicht anfangen, ihr echte Nahrung zu bieten, anstatt ihr den nächsten Sinneskitzel hinzuhalten, werden Sie immer wieder Schwierigkeiten kriegen.«

Er begriff und begann, meinen Rat zu befolgen. Er fing an, in seine Selbsthilfegruppe zu gehen, sich Freunden zu öffnen, ihre Hilfe in Anspruch zu nehmen, wenn das Leben wehtat, und seine Frau in die dunkleren Ecken seines Herzens hineinsehen zu lassen. Es war offensichtlich, dass er diesen Neuanfang ernst meinte, und dies war der Hauptgrund dafür, dass seine Frau beschloss, bei ihm zu bleiben. Er wurde und blieb offen und echt ihr und den anderen gegenüber und wurde ein anderer Mensch.

»Ich weiß nicht, wie ich das beschreiben soll«, sagte er mir, »aber zum ersten Mal in meinem Leben fühle ich mich lebendig. Ich habe tolle Dinge erlebt in meinem Leben, ich habe die Gipfel des Erfolgs erklommen, aber das hier – das ist anders. Ich kann es nur mit dem Wort ›lebendig‹ beschreiben. Das ist so, als ob in mir das Leben hochwächst. Ich spüre es jeden Morgen, wenn ich aufwache. Ich fühle mich einfach lebendig.«

Er fuhr fort: »Das Verrückte ist, dass ich kurz davorstand und vielleicht immer noch stehe, alles zu verlieren, was ich habe, aber ich fühle mich besser als je zuvor in meinem Leben.«

»Und wie erklären Sie sich das?«, fragte ich ihn.

»Also, ich kann nur sagen, dass ich zum ersten Mal in meinem Leben den Eindruck hab, dass Menschen mich lieben. Mich, einfach weil ich ich bin. Ich meine, eine Erfolgsstory ist mein Leben ja momentan gerade nicht, ich hab ja das Chaos pur daraus gemacht, und dass die Leute mich trotzdem annehmen ... Ich glaube, die mögen mich echt, und das ist das beste Gefühl, das ich je gehabt habe. So mit anderen Menschen ›verbunden‹ gefühlt, wie Sie das nennen, hab ich mich noch nie. Früher dachte ich immer, die Menschen mögen mich, weil ich meinen Job gut mache, aber das hier, das ist was anderes.«

Er schüttelte den Kopf, war sich nicht klar, ob er da nicht lauter Unsinn redete. Aber es war kein Unsinn, es war der fundamentalste Aspekt des menschlichen Lebens. Man nennt es »Beziehung« oder »Bindung«. Die Bibel redet davon, dass unsere Herzen »in vollkommener Einheit« miteinander »verbunden« werden sollen (Kolosser 2,2; 3,14). Dies ist nicht Sprache Kanaans oder Psychologenjargon, sondern das, was unsere Welt im Innersten zusammenhält. Ohne Bindungen sterben wir.

Wenn Erfolg und Anerkennung Glück bringen, dann hatte Patrick alles gehabt, was er sich zu seinem Glück wünschen konnte. Doch Gott hat den Motor unseres Lebens nicht so konstruiert, dass er mit unseren Leistungen, Trophäen und Gütern läuft, sondern mit Liebe. Und Liebe entsteht nur dort, wo wir in der Tiefe mit anderen Menschen verbunden sind.

Diese Gesetzmäßigkeit ist eine von denen, die die moderne Forschung am meisten bestätigt hat. Wir wissen mehr über den Wert der Bindung und die Destruktivität der Einsamkeit als über fast alles andere. Menschen, die ein starkes Hilfsnetz aus Freunden u. a. haben, in welchem sie ihre Bedürfnisse, Gefühle, Ängste usw. äußern und verarbeiten können,

> Gott hat den Motor unseres Lebens nicht so konstruiert, dass er mit unseren Leistungen läuft, sondern mit Liebe.

- sind körperlich gesünder; ihr Abwehrsystem ist robuster, sie werden weniger oft krank,
- haben im Falle einer Erkrankung größere Aussichten, medizinisch mit ihr fertig zu werden,
- sind seelisch gesünder; sie haben weniger Stress, Depressionen und Angstzustände,
- haben eine größere Chance, ihr Leben zu verändern
- und sind eher fähig, ihre Ziele zu erreichen.

Und so weiter. Ich könnte dieses ganze Buch füllen mit der Auflistung der Forschungsergebnisse zur Rolle der Beziehungen für unser Wohlergehen. Alles, was wir tun und was uns wichtig ist, wird mit beeinflusst von der Qualität, der Menge und der Tiefe der Beziehungen, die wir in unserem Leben haben. Dies gilt für das Positive wie das Negative im Leben. Sinnvolle, tiefe Beziehungen zu anderen Menschen helfen uns sowohl, das Gute im Leben zu erreichen, als auch, die negativen Dinge und Verhaltensmuster, die unser Leben schädigen, zu überwinden.

Warum es gemeinsam besser geht

Haben Sie auch schon einmal beobachtet, wie ein Alkoholiker mit seiner Sucht kämpfte und sich von einem guten Vorsatz zum nächsten schleppte – bis er ein Entzugsprogramm begann oder sich einer Selbsthilfegruppe anschloss und endlich »trocken« wurde?

Kennen Sie auch jemanden, der Jahr um Jahr den Kampf gegen die Windmühlenflügel seines Übergewichts führte, bis er sich einer Weight-Watchers-Gruppe anschloss und endlich schlanker und fitter wurde?

Oder vielleicht kennen Sie eine Freundin, die jahrelang in einer Beziehung oder Freundschaft mit einem Menschen gefangen war, der lebensuntüchtig, süchtig oder seelisch grausam war und sich an sie klammerte, bis sie schier kein eigenes Leben mehr hatte – bis sie sich einer Selbsthilfegruppe anschloss, die ihr den Mut gab, endlich Grenzen zu ziehen und durchzusetzen und auch einmal an sich zu denken.

Und, um ein »positiveres« Beispiel zu nehmen: Kennen Sie auch jemanden, der sich beruflich selbstständig machen oder sonst ein Ziel erreichen wollte und dies auch schließlich erreichte – aber erst, nachdem er sich den Rat und die Hilfe geholt hatte, die er dazu brauchte?

Wir alle kennen solche Fälle, und unser gesunder Menschenverstand sagt uns, dass die Strategie, sich Hilfe zu holen, richtig ist. Aber nicht nur unser gesunder Menschenverstand. Der tiefere Grund dafür, dass diese Strategie so oft funktioniert, ist schlicht dies: So hat Gott das Leben eingerichtet. Nur so funktioniert es. Unser Gehirn, unser Herz, unsere Seele und unser Körper brauchen die Beziehung zu anderen Menschen. Beziehungen sind das Benzin unseres Lebens; sie geben uns unsere Motivation, unsere Kraft und noch vieles mehr. Wenn Menschen uns unterstützen, ändert sich buchstäblich die Chemie in unserem Gehirn, ja, sogar unser Immunsystem.

In einer meiner Lieblingsstudien setzten Wissenschaftler Affen Situationen mit hohem Stress (laute Geräusche, Lichteffekte usw.) aus und maßen darauf die Stresshormonausschüttung in ihrem Gehirn. In einem zweiten Schritt setzten sie (bei unverändertem Stress) den Versuchsaffen einen zweiten Affen in den Käfig. Als sie darauf die Stresshormone erneut maßen, fanden sie, dass ihr Pegel nur noch etwa halb so hoch war. Und das nur, weil die Affen einen Gefährten bekommen hatten …

Erinnern Sie sich an die Mathematik des Glücks aus dem ersten Kapitel? Wie glücklich wir sind, ergibt sich zu 10 Prozent aus den äußeren Umständen, zu 50 Prozent aus Genetik und Charakter und zu 40 Prozent aus Dingen, die wir direkt kontrollieren können. Übertragen auf uns Menschen, ergab sich der Unterschied in der Stressreaktion der Affen aus diesen 40 Prozent, denn wir können es uns selber aussuchen, ob wir in dieser stressigen Welt allein sind oder nicht. Und die psychologische Forschung zeigt, dass auch wir solch einen drastischen Stressrückgang erleben, wenn wir uns mit anderen

Menschen zusammenschließen. Also: Holen Sie sich ein paar andere Affen in Ihren Lebenskäfig!

Das ist der Grund, warum die Bibel uns auffordert, mit den Weinenden zu weinen, einander zu ermutigen und die Schwachen zu stärken. Darum sucht ein Fallschirmjäger, der über einem Kampfgebiet abgesprungen ist, als Erstes seine Kameraden. Wir brauchen einander. So hat Gott uns geschaffen.

Ich hatte einmal ein Beratungsprojekt bei einer großen Versicherungsgesellschaft. Es ging darum, den Umsatz des Unternehmens zu erhöhen. Wir informierten uns als Erstes über die Verkaufszahlen der verschiedenen regionalen Geschäftsstellen und auch darüber, wie diese Filialen arbeiteten. Dabei entdeckten wir etwas sehr Interessantes: Die Filialen, in denen konsequentes Teamwork herrschte, mit regelmäßigen Besprechungen, Brainstorming, Unterstützung, Motivation und Belobigung der Mitarbeiter, hatten viel höhere Verkaufszahlen und Mitarbeiterzufriedenheit. Wir schufen daraufhin ein Programm, das den anderen Geschäftsstellen half, eine ähnliche Teamworkkultur zu entwickeln, worauf ihre Zahlen deutlich nach oben gingen.

Warum funktionierte dies? Weil Gott uns so verdrahtet hat. Er hat unsere Gehirnchemie so erschaffen, dass sie positiv reagiert, wenn wir Hilfe und Unterstützung erfahren, und negativ, wenn dies nicht der Fall ist. Mit unserer Seele ist es dasselbe, und auch unserem Körper geht es besser, wenn wir mit anderen Menschen vernetzt sind; unsere Gesundheit ist besser, unser Herz robuster, unser Immunsystem wird mit Krankheit und Stress viel besser fertig. Fazit: Wir brauchen einander.

Gott hat unsere Gehirnchemie so erschaffen, dass sie positiv reagiert, wenn wir Hilfe und Unterstützung erfahren, und negativ, wenn dies nicht der Fall ist.

Finden Sie Ihren eigenen Weg

In den Zeiten, in denen ich öfters meine Mutter anrief wegen ihrer berühmten Koch- und Backrezepte, habe ich etwas Wichtiges gelernt: Es gibt verschiedene Wege zum Ziel. Wenn man gerade kein Öl im Haus hat, tut es auch etwas Butter. Das Mehl ist alle? Kein Problem, mit einer Backmischung geht es auch. Ich kann sie förmlich noch hören, die Stimme meiner Mutter: »Ach, das macht nichts, nimm halt etwas …, damit geht's genauso gut.« Meine Mutter schien für alles einen Plan B zu haben. Als Psychologe habe ich herausgefunden, dass dies beim Thema »Beziehungen und Hilfe suchen« ähnlich ist. Es gibt meist nicht nur *einen* Weg, der zum Ziel führt, aber es kommt alles darauf an, dass wir den Weg, den wir gewählt haben, dann auch gehen.

Sie können sich einer Selbsthilfegruppe anschließen oder einem Gebetskreis. Sie können zu einem Seelsorger gehen oder zu einem Psychotherapeuten oder die Dienste eines persönlichen Lebenstrainers in Anspruch nehmen. Selbsthilfe- und ähnliche Gruppen gibt es überall und zahlreiche Kirchen bieten Hausbibelkreise an; vielleicht ist einer ganz in Ihrer Nähe. Vielleicht suchen Sie sich auch ein paar gleichgesinnte Freunde, die ebenfalls mehr aus ihrem Leben machen wollen, und gründen so Ihre eigene Selbsthilfegruppe, in der einer den anderen unterstützt. Ich sprach einmal mit drei Frauen, in deren Privat- und Berufsleben es gerade große Veränderungen gab und die eines Tages beschlossen hatten, jeden Morgen um sieben eine Telefonkonferenz abzuhalten, in der sie ihre Ziele für diesen Tag durchgingen. Sie machten das jetzt seit sechs Monaten und ihr Leben hatte sich gewaltig geändert.

Aber es muss nicht gleich ein Therapeut oder eine Therapiegruppe sein. Achten Sie darauf, sich genügend oft mit Ihren Freunden zu treffen und einander mit Ihren Freuden und Leiden auf dem Laufenden zu halten. Natürlich kann man nicht allen Freunden alles sagen; suchen Sie sich die aus, denen Sie wirklich vertrauen können. Wenn Sie diesen Rat befolgen, werden Sie glücklicher werden und vielleicht sogar länger leben.

Es gibt hier nicht die eine Patentmethode. Mein Rat an Sie ist: Wenn Sie das nötige Hilfsnetz bereits über den Kontakt mit Ihren Freunden bekommen, ist das wunderbar; machen Sie weiter so. Doch wenn dies nicht ausreicht, dann zögern Sie nicht, sondern suchen sich »professionellere« Hilfe; gehen Sie zu einem Seelsorger oder Therapeuten oder schließen sich einer festen Gruppe an. Das Prinzip lautet: Machen Sie es so systematisch wie nötig. Und vergessen Sie nie: Gott hat Sie dazu erschaffen, sich anderen Menschen zu öffnen. So sind Sie verdrahtet. Befolgen Sie seine Gebrauchsanweisung; es wird Ihnen guttun.

Glückliche Menschen vergleichen sich nicht

Im Gleichnis vom anvertrauten Geld in Matthäus 25 erzählt Jesus, wie ein wohlhabender Mann, der auf eine Reise geht, seinen drei Dienern sein Geld anvertraut; dem ersten gibt er fünf Beutel Gold, dem zweiten zwei, dem dritten einen. Von der Reise zurückgekehrt, lässt er seine Diener Rechenschaft ablegen, wie sie das Gold angelegt haben. Der mit den fünf Beuten hat fünf weitere Beutel dazuverdient, der mit den zweien zwei. Der mit dem einen Beutel dagegen hat vor lauter Angst, das Gold zu verlieren, seinen Beutel kurzerhand vergraben und keine Erträge vorzuweisen.

Der Herr ist mit den beiden ersten Dienern hochzufrieden; beiden sagt er: »Gut gemacht, mein guter und treuer Diener«, denn beide haben das ihnen anvertraute Gut gut verwaltet und vermehrt. Den dritten dagegen, der nichts aus seinem Beutel gemacht hat, lässt er hart bestrafen.

Im Mittelpunkt der meisten Predigten über dieses Gleichnis steht die Weigerung des dritten Dieners, mit dem, was er da bekommen hatte, zu arbeiten, und die Moral der Geschichte ist klar: Wir sind aufgerufen, es nicht so zu machen wie er, sondern wie die beiden ersten Diener das Beste aus unserem »Kapital« zu machen.

Das ist eine eindrückliche Lektion, und im 5. Kapitel haben wir gesehen, dass es ausgesprochen glücksfördernd ist, sinnvolle Ziele und Projekte im Leben zu haben. Doch hier möchte ich mich einer anderen Lektion zuwenden, die sich aus diesem Gleichnis ergibt und die sowohl von der Forschung als auch von unserer Alltagserfahrung bestätigt wird. Diese Lektion lautet: *Wir sollen uns nicht mit anderen Menschen vergleichen. Gott tut das nicht und wir sollten es auch nicht tun.*

Es gibt viele »Zwei-Beutel-Leute«, die nicht in das »Gut gemacht« ihres Herrn einstimmen können. Sie denken nicht: »Das Leben ist schön! Ich bin dankbar für die Gaben und Talente, die Gott mir gegeben hat! Ich habe ehrlich mit ihnen gearbeitet und ich habe etwas erreicht und meinen Job gut gemacht!« Nein, ihre Perspektive ist etwa so: »Was bin ich doch für ein armes Würstchen! Ich habe nur lumpige zwei Beutel gekriegt und nur zwei weitere erarbeitet. Jetzt habe ich nur vier. Mein reicher Nachbar gegenüber, der hat *fünf* Beutel gekriegt. Aber dem gelingt ja immer alles besser als mir. Es würde mich nicht wundern, wenn er aus seinen fünf Beuteln glatt zehn macht, und dann ist der Abstand zwischen uns beiden noch größer ...«

Doch in dem Gleichnis sagt Jesus nichts dergleichen. Er vergleicht die drei Diener nicht untereinander; er vergleicht jeden von ihnen allein mit seinem eigenen Fleiß im Umgang mit dem, was ihm da anvertraut worden ist. Die Messlatte jedes der Diener ist gleichsam er selber.

Hören Sie, wie die Bibel diese Wahrheit an einer anderen Stelle ausdrückt:

> *Jeder achte genau auf sein eigenes Leben und Handeln, ohne sich mit anderen zu vergleichen. Schließlich ist jeder für sein eigenes Verhalten verantwortlich. (Galater 6,4-5)*

Es kommt immer darauf an, was ich selber mit meinem Leben mache. Das Sichvergleichen mit anderen hat nichts mit der Realität zu tun. Gott hat Sie als Original erschaffen, mit Ihren eigenen Gaben und Fähigkeiten, Ihrer eigenen Energie und Kraft, und wenn Sie sich mit anderen Menschen vergleichen, ist das so, als ob Sie Äpfel mit Orangen vergleichen. Die Psychologen haben herausgefunden, dass solches Vergleichen ausgesprochen schlecht für unsere gute Laune ist. Wie Glücksforscherin Sonja Lyubomirsky es ausdrückt: »Meine Studenten und ich haben zahlreiche weitere Studien durchgeführt, die alle im Wesentlichen zu dem gleichen Ergebnis führten: *Je glücklicher jemand ist, desto weniger schielt er auf die anderen.*«[14] Sie berichtet weiter, dass, als ihr Team glückliche Menschen fragte, wie sie sich im Vergleich zu anderen sahen, die Glücklichen erst nicht wussten, was sie meinten.[15]

Kyle war ein Arzt, der in seinem Leben viele Hürden überwunden und viel erreicht hatte. Eines Tages kam er zu mir, um seinen Frust abzulassen. Er hatte eine sehr gut gehende Praxis, aber das schien ihm nichts zu bedeuten. »Ich bin der reinste Versager«, sagte er mir. »Ich müsste in meinem Leben viel weiter gekommen sein.«

»Wie meinst du das?«, fragte ich ihn. Ich fand, dass er ein sehr erfolgreicher Arzt war.

»Na, schau dir Miller an«, sagte er. Miller war ein Freund von ihm und ebenfalls Arzt. »Er ist mit seinen Publikationen *der* Mann in unserem Spezialgebiet geworden, sitzt in allen Gremien, leitet eine Abteilung in unserer medizinischen Fakultät, hält einen Vortrag nach dem anderen und berät diverse Pharmaunternehmen. Und *ich*? Nichts von alledem.« Sein Trübsinn war förmlich spürbar.

> Gott hat Sie als Original erschaffen, mit Ihren eigenen Gaben und Fähigkeiten, Ihrer eigenen Energie und Kraft. Wenn Sie sich mit anderen Menschen vergleichen, ist das so, als ob Sie Äpfel mit Orangen vergleichen.

Ich sagte: »Weißt du nicht mehr, wie oft dein Vater dich einen Versager genannt hat? Wie viele Steine deine Mutter dir immer wieder in den Weg gelegt hat? Und wie viele schwere Depressionen, von denen eine stationär behandelt werden musste, du überwinden musstest in deinem Studium und Praktikum? Und denk mal an die Zehntausende Dollar an

Darlehen, die du zurückgezahlt hast und für die du zeitweise drei Jobs auf einmal machen musstest! Zählt das etwa nicht?«

Trotz all dieser Widrigkeiten hatte Kyle sich, mit Gottvertrauen und Beharrlichkeit, durchgebissen. Für mich war es ein halbes Wunder, dass er überhaupt noch lebte. Der Superarzt, mit dem er sich da verglich, hatte eine wohlbehütete Jugend gehabt und keine einzige Depression in seinem ganzen Leben. Nicht, dass er nicht gearbeitet hatte – sehr sogar –, aber seine Startposition war ungleich besser gewesen als die Kyles. Ich fand, dass Kyle viel mehr geleistet hatte als Dr. Miller, und ich sagte ihm das. Was hätte *er* nicht alles erreichen können, wenn er die Startvoraussetzungen seines Freundes gehabt hätte ... Aber er hatte sie eben nicht gehabt; so war das nun mal.

Als ich ihm das sagte, konnte ich förmlich sehen, wie es in seinem Gehirn zu arbeiten begann. Seine Miene hellte sich auf und er sagte: »So hab ich das noch nie gesehen. Schätze, ich muss mal das ganze Bild sehen.« Von diesem Tag an begann sein Leben sich zu verändern. Er fing an, nur noch auf seine eigene Arbeit und sein eigenes Leben zu schauen und sich zu fragen, was *er* erreichen wollte, ohne sich ständig mit anderen zu vergleichen. Sein Leben wurde erfüllter und auch seine berufliche Leistung stieg. Und siehe da, als er sich darüber klar wurde, was er auf seinem Fachgebiet wirklich wollte, zeigte sich, dass dies rein nichts mit dem zu tun hatte, was Miller machte. Kyle interessierte sich viel mehr für die praktische Erforschung neuer Behandlungsmethoden. Es brachte ihm weniger Ruhm, mehr Zeit im Labor und mehr Glück und Zufriedenheit, als wenn er an einem Rednerpult gestanden hätte.

Und Tatsache ist auch: Selbst wenn Miller und Kyle in der gleichen Umgebung aufgewachsen wären, könnte man sie immer noch nicht wirklich miteinander vergleichen. Sie hätten immer noch unterschiedliche Gene, eine andere

Gehirn- und Hormonchemie, andere Talente und Gaben, eine andere Persönlichkeit. Menschen miteinander zu vergleichen, ist immer ein heikles Geschäft. Selbst leibliche Geschwister haben nicht die gleiche Prägung, denn sie kommen aus ganz unterschiedlichen Familien – immer. Da sind ein älterer Bruder und eine jüngere Schwester. Der Bruder hat eine Mutter, einen Vater und eine kleine Schwester, und die Schwester hat eine Mutter, einen Vater und einen großen Bruder – zwei unterschiedliche Familien, auch wenn andere Faktoren gleich sind. Dazu haben die beiden natürlich ganz unterschiedliche Gene. Also: Vorsicht vor Vergleichen! Gott weiß dies, und so warnt er uns.

Wie Männer Frauen sehen

Viele Frauen bekommen schier Minderwertigkeitskomplexe wegen ihres Körpers, ihrer Kleider, ihrer Frisur, ihrer Wohnung und tausend anderen Dingen, weil sie sich mit den Stars im Fernsehen und in den Illustrierten vergleichen und mit all dem, womit unsere mediensüchtige Kultur sie täglich bombardiert. Ständig lesen sie das Neueste darüber, was gerade sexy, schön oder stilvoll ist, und fühlen sich klein und mickrig, weil sie nicht wie das neueste magersüchtige Model auf der Titelseite des Magazins XY aussehen. Sie mögen sich selber nicht mehr, weil sie ihren Status und Stil andauernd mit dem anderer Frauen vergleichen.

Aber die Männer sehen sie gar nicht so. Wie attraktiv eine Frau für einen Mann ist, hat wenig damit zu tun, wie ähnlich sie den Magazinmodels sieht, und viel mehr mit ihrer Persönlichkeit, Energie und Ausstrahlung. Es hat eine ganze Menge damit zu tun, wie sehr sie »sie« ist und nicht jemand anderes. Frauen, die sich in ihrer Haut wohlfühlen, wirken auf

Männer viel attraktiver als die, die krampfhaft versuchen, wie irgendein Filmstar oder Model zu sein.

Wie Frauen Männer sehen

Bei den Männern ist es ganz ähnlich. Oft denken sie, dass den Frauen vor allem ihr Geld, ihr Status und ihr Erfolg wichtig sind. Während die meisten Frauen wollen, dass ihr Mann eine Arbeit hat und eine Familie ernähren kann, machen sich die besonderen Frauen nicht viel aus solchen Äußerlichkeiten. Ihnen geht es viel mehr um die persönliche und zwischenmenschliche Kraft, die der Mann in die Beziehung einbringt. Ein attraktiver Mann ist für sie einer, der weiß, was er will, der ohne Angst um sie wirbt und der sich aus eigenem Antrieb um ihre Bedürfnisse kümmert. Und eine Fußnote für die Männer: Wenn Ihre Angebetete ohne das größte Haus in der Straße oder einen roten Ferrari nicht leben kann, Finger weg!

Während die meisten Frauen wollen, dass ihr Mann eine Arbeit hat und eine Familie ernähren kann; machen sich die besonderen Frauen nicht viel aus solchen Äußerlichkeiten.

Die Menschen sind dann am glücklichsten und attraktivsten, wenn sie sie selber sind. Gott hat jeden von uns dazu erschaffen, eine und nur eine Person zu sein und uns nur mit uns selber zu vergleichen. Paulus hat das so ausgedrückt:

Jeder achte genau auf sein eigenes Leben und Handeln, ohne sich mit anderen zu vergleichen. (Galater 6,4)

Es ist völlig in Ordnung, wenn wir uns von anderen Menschen inspirieren lassen. In vielen Bereichen des Lebens ist es gut, wenn wir Vorbilder haben, die uns zeigen, was alles möglich ist, wenn jemand seine Gaben und Fähigkeiten voll in seine Arbeit einbringt. Aber wenn Sie einen Nachmittag auf dem Golfplatz nur dann genießen können, wenn Sie den Platzrekord aufstellen, werden Sie keinen sehr glücklichen Nachmittag haben.

Gottes Rat wie der der Wissenschaft ist schlicht dieser: Vergleichen Sie sich nicht mit anderen. Stehen Sie zu Ihrem Leben, Ihrem Aussehen, Ihren Gaben und Ihren Genen, machen Sie das Beste aus dem, was Gott Ihnen gegeben hat. Wenn Sie das tun, werden Sie so gut und so glücklich sein, wie es noch besser nicht geht.

Glückliche Menschen denken richtig

Mary hätte so gerne einen Freund gehabt, aber es wollte einfach nicht klappen. Sie war eine fröhliche, intelligente, interessante Frau, sodass der einzige Grund für ihre Einsamkeit die falsche Strategie zu sein schien. So, wie sie sich das Leben eingerichtet hatte, kam sie einfach nie in Situationen, wo sie eine gewisse Auswahl an männlichen Singles gehabt hätte. Sie arbeitete in einer kleinen Anwaltskanzlei, ging abends nach Hause und machte ihre Besorgungen, ging am Samstag an den Strand und zu Freundinnen und am Sonntag zur Kirche, und das war es auch schon. Ich finde, wenn man die ganze Woche nur immer dieselben Menschen sieht, sogar in der Gemeinde, kommt man nicht sehr weit. Ich musste sie da »rausholen«.

Sie ließ sich schließlich dazu überreden, es mit einer Partnervermittlungsagentur zu versuchen. Ich war ganz aufgeregt; endlich unternahm sie etwas in diesem Bereich ihres Lebens! Sie füllte den Fragebogen aus und es dauerte nicht lange und ein Mann lud sie zu einem Kennenlern-Date ein. Sie ging hin, und siehe da, der Kandidat gefiel ihr! »Es war richtig schön«, berichtete sie mir. Zum ersten Mal seit Langem klang sie eine Spur optimistisch und ich freute mich für sie.

Ein paar Wochen danach traf ich sie wieder und fragte sie, wie es ihr so ging. Ihr Gesicht sah aus wie sieben Tage Regenwetter.

»Bescheiden«, antwortete sie.

»Das mit der Partnersuche?«

»Ja.«

»Was ist passiert?«

»Mit dem Mann, den ich mochte? Der hat sich nicht mehr gemeldet. Ich hab dir doch gesagt, dass das nicht funktioniert und dass keiner, den ich mag, mich will.«

Und dann sagte sie etwas, das mir wirklich das Herz schwer machte: »Ich bin aus diesem Vermittlungsservice wieder raus. Das funktioniert ja doch nicht und diese Enttäuschungen will ich mir ersparen.«

In der nächsten Woche begegnete ich einer anderen Freundin. Sie hatte mein Buch *How to Get a Date Worth Keeping* (einen Ratgeber zum Finden des richtigen Partners) gelesen und war dabei, es in die Praxis umzusetzen. Mit ihren 39 Jahren hatte sie gedacht, dass das Thema Heiraten erledigt sei, aber ich hatte sie ermutigt, Schritte zu tun, und sie hatte sich bei mehreren Partnervermittlungen registrieren lassen. Ich fragte sie, wie es ihr ging.

»Super!«, erwiderte sie. »Ich hab einen tollen Typ kennengelernt.«

»Echt? Da musst du mir mehr drüber erzählen«, sagte ich.

»Ich hab ihn in der Online-Partnervermittlung gefunden, die du mir empfohlen hattest.« Sie klang ganz begeistert.

»Das ist ja cool«, sagte ich. »Und wie ist das gelaufen?«

»Erst mal gab's ein paar Enttäuschungen bei dieser Partneragentur. Aber ich hab nicht lockergelassen, und dann hab ich John getroffen.«

»Enttäuschungen?«, fragte ich.

»Ja. Aber du weißt ja, wie das ist. Man darf so was nicht zu persönlich nehmen. Man muss dranbleiben und sich sagen: *Irgendwo wartet der auf mich, ich muss ihn bloß finden.* Und ich hab ihn gefunden!«

Und sie erzählte mir die ganze Geschichte. Es war toll zu hören, wie eine Frau, die so lange das Mauerblümchen gewesen war, plötzlich solch einen Erfolg hatte. Sie ahnen es schon:

Noch im gleichen Jahr heirateten die beiden und inzwischen ist das erste Kind da. Sie sind ein sehr glückliches Paar.

Die Lektion dieser beiden Geschichten ist eine der tiefsten, die man im Leben lernen kann. Beide Frauen erlebten die gleichen Enttäuschungen, aber die eine warf daraufhin das Handtuch, während die andere ihr Ziel erreichte. Worin lag der Unterschied? *Sie dachten ganz verschieden.* Die eine Frau begann nach dem ersten Misserfolg, negativ über sich, über die Partnersuche und über die Zukunft zu denken, während die zweite trotz mehrerer Enttäuschungen positiv über die Sache dachte, die Enttäuschungen nicht persönlich nahm und an die Zukunft glaubte. Ihr positives Denken führte schließlich zu der Realität, nach der sie sich sehnte, während das negative Denken der anderen ihre schlimmsten Befürchtungen wahr werden ließ.

Es geht hier um mehr als darum, dass man das kriegt, was man erwartet. Es geht um Gott und wie er uns verdrahtet hat. Er hat uns Menschen so erschaffen, dass wir uns auf unserer Lebensreise von unseren Denkmustern leiten lassen. Das ist so ähnlich wie das Navigationssystem in Ihrem Auto oder ein GPS-Gerät für unterwegs. Wenn Sie sich fragen, was Sie im Leben als Nächstes machen sollen, gibt Ihnen Ihre eingebaute »Software« genaue Anweisungen. Aber was, wenn das Programm fehlerhaft ist und Ihnen befiehlt: »Vergiss es, leg den Rückwärtsgang ein, da kommst du nie hin. Zu viel Verkehr, fahren kannst du sowieso nicht, und die Leute, die an deinem Ziel wohnen, werden dich nicht mögen. Stell das Auto zurück in die Garage, bevor was Schlimmes passiert«? Es wäre keine angenehme Fahrt, selbst wenn Sie sie trotzdem versuchen würden.

Die Realität ist schlicht, dass jeden Tag glückliche Menschen Gedanken denken, die ihnen helfen, glücklich zu sein, während unglückliche Menschen das Gegenteil tun. Dies ist eine der am besten belegten Tatsachen in der ganzen psychologischen Forschung: Die Art, wie wir denken, beeinflusst unsere Stimmungen, Ängste, Leistung und Wohlbefinden. Warum? Weil Gott unser Innenleben so eingerichtet hat. Unser Denken steuert unser Leben, ähnlich wie die Software den Computer steuert. Darum sagt Gott in der Bibel, dass er uns seine Gebote gibt, damit »es uns alle Tage gut geht« (5. Mose 6,24). Wenn die Software, die unser Leben bestimmt, das Gesetz dessen ist, der uns erschaffen hat, dann leben wir richtig – sozusagen im Sinne des Erfinders.

So war es bei der Frau aus dem zweiten Beispiel. Sie glaubte den Lügen, die durch den Kopf der ersten Frau geisterten, nicht – Lügen wie: »Keiner mag dich. Die Zukunft ist hoffnungslos. Du schaffst das nicht.« Stattdessen war ihr Denken mit Gottes Wahrheiten programmiert, zum Beispiel: »Du bist mein Kind, und nichts kann dich von meiner Liebe trennen, auch nicht, wenn jemand dich zurückweist« (vgl. Römer 8,38-39). Oder: »Alles ist mir möglich durch Christus, der mir die Kraft gibt, die ich brauche« (Philipper 4,13). Oder: »Es gibt eine Zukunft für dich« (vgl. Sprüche 24,14).

Jeden Tag denken glückliche Menschen Gedanken, die ihnen helfen, glücklich zu sein, während unglückliche Menschen das Gegenteil tun.

Diese Frau hatte sich intensiv mit den Grundannahmen, die ihr Leben und Denken steuerten, auseinandergesetzt. Die Frucht dieser Arbeit war, dass die Ereignisse in ihrem Leben keine Macht über sie hatten, sondern *sie* hatte Macht über *sie*. Die Macht unseres Denkens ist stärker als alles, was uns widerfahren kann. Erfolgreiche und glückliche Menschen lassen sich nicht von ihren Umständen, Verlusten, Rückschlägen und anderen Dingen unterkriegen, sondern werden mit ihnen fertig – indem sie so denken, wie Gott es uns geboten hat, nämlich auf eine Art, die zu Hoffnung, Glauben und Liebe führt. Wenn wir auf das hoffen, was die Bibel uns verspricht, »werden wir nicht enttäuscht werden« (Römer 5,5).

Achten Sie darauf, wie Sie denken

Die Forschung hat gezeigt, dass die Bibel hundert Prozent recht hat. Wenn Sie das finden wollen, was Gott Ihnen schenken möchte, müssen Sie Ihre Denkweise »verwandeln« lassen. Hören Sie, was die Bibel dazu sagt:

> *Deshalb orientiert euch nicht am Verhalten und an den Gewohnheiten dieser Welt, sondern lasst euch von Gott durch Veränderung eurer Denkweise in neue Menschen verwandeln. Dann werdet ihr wissen, was Gott von euch will: Es ist das, was gut ist und ihn freut und seinem Willen vollkommen entspricht. (Römer 12,2)*

Um unser Denken »verwandeln« zu lassen, müssen wir es zunächst einmal gründlich unter die Lupe nehmen und sehen, wo es falschliegt, weil es sich von »den Gewohnheiten dieser Welt« beherrschen lässt. Unsere oft so negative Welt bringt uns manchmal dazu, Dinge zu glauben, wie die Frau aus dem ersten Beispiel. Sie war überzeugt: »Du bist nicht attraktiv und keiner will dich.« Mehrere Beziehungen in ihrer Vergangenheit hatten ihr Denken in diese Richtung programmiert, doch um das zu bekommen, was Gott ihr gerne geben will, muss sie diese Programmierung ändern. Ich bin fest davon überzeugt, dass sie das auch kann, aber dazu muss sie zuerst die Wahrheit über diese Gedanken erkennen – dass sie Lügen sind, die aus dieser Welt kommen und überhaupt nichts mit Gottes Wegen zu tun haben. Die Bibel beschreibt das Umdenken folgendermaßen:

Mit diesen Waffen zerschlagen wir all die hochtrabenden Argumente, die die Menschen davon abhalten, Gott zu erkennen. Mit diesen Waffen bezwingen wir ihre widerstrebenden Gedanken und lehren sie, Christus zu gehorchen. (2. Korinther 10,5)

Es kann richtig Arbeit sein, so zu denken und zu glauben, wie Gott das von uns erwartet, aber genau dies meint der oben zitierte Satz in Römer 12,2: »Lasst euch von Gott durch Veränderung eurer Denkweise in neue Menschen verwandeln.« Es ist Arbeit, aber die Arbeit lohnt sich!

Was für Arten zu denken sind es im Einzelnen, die wir da ändern müssen? Das falsche Denken hat tausend Gesichter, aber hier ein paar hilfreiche Tipps, bei denen es um unser Glück geht.

Meiden Sie Alles-oder-Nichts-Denken

Behandeln Sie die Ereignisse in Ihrem Leben als das, was sie sind: Einzelereignisse. Sie haben also etwas nicht geschafft – na und? Kein erfolgreicher Mensch hat nicht auch einmal seine Niederlagen erlebt. Er hakt die Niederlage als bedauerlichen Einzelfall ab und versucht es noch einmal. Der typische »Loser« dagegen denkt, wenn ihm etwas nicht gelungen ist: *Mir gelingt auch gar nichts!* Wenn der Reis angebrannt ist, ist für ihn das ganze Essen ruiniert. Solche Menschen sagen: »Ich mache alles falsch!« Oder: »Ich kriege es nie richtig hin.« Alles-oder-nichts-Denken und Glücklichsein wohnen selten im selben Kopf.

Alles-oder-Nichts-Denken und Glücklichsein wohnen selten im selben Kopf.

Machen Sie sich bitte auch dann nicht schlechter, als Sie sind, wenn Sie irgendwo moralisch versagt haben. Die Bibel sagt klipp und klar, dass es keinen Menschen gibt, der nie sündigt (vgl. Prediger 7,20). Wenn Sie einen moralischen Bock geschossen haben, nehmen Sie Gottes Vergebung an und gehen Sie weiter.

Vorsicht vor den negativen Gedanken!

Negative Gedanken haben Macht. Jeder hat sie, aber glückliche Menschen lassen diese Vögel vorbeifliegen, anstatt sie einzufangen und sie zu fragen, ob sie nicht ein Nest in ihrem Kopf bauen möchten. Unglückliche Menschen heften sich förmlich an negative Gedanken und behandeln sie so, als ob sie Realitäten wären. Sie lassen sich von ihnen ihr Handeln diktieren. Bitte vergessen Sie nicht: Es sind nur Gedanken!

Packen Sie sie nicht, hängen Sie sich nicht an sie, lassen Sie sie keine Macht über Sie haben. Lassen Sie sie vorbeiflattern, halten Sie sich nicht mit ihnen auf, es sind nur Gedanken. Eine der am besten erforschten und bewährtesten Techniken zur Veränderung unserer Stimmung besteht darin, unser negatives Denken mit der Wahrheit und mit positiven Gedanken zu konfrontieren. Eine Möglichkeit ist hier, dass wir unseren Negativgedanken Gottes Worte entgegenstellen. Wenn ein Gedanke Ihnen einflüstern will, dass Sie es nie zu etwas bringen werden, setzen Sie die Wahrheit des Wortes Gottes dagegen: »Ich bin kein Versager. Ich bin ein Kind Gottes, das er liebt und dem er eine Zukunft und eine Hoffnung versprochen hat.«

Meiden Sie Katastrophendenken

Der Katastrophendenker vermutet grundsätzlich immer gleich das Schlimmste: »Wenn ich diese Arbeitsstelle nicht kriege, sitze ich auf der Straße.« – »Wenn dieser Mann mich nicht mag, werde ich nie mehr so einen wie ihn finden.« Tatsache ist, dass es im wirklichen Leben nur selten zu Katastrophen kommt, und selbst dann können wir sie mit Glauben und

Gottvertrauen überstehen. Aber die meisten Katastrophen existieren nur in unserem Kopf.

»Wenn ich das verbocke, kann ich meinen Freunden nicht mehr gegenübertreten.« – »Es wird alles aus sein, wenn…« Wirklich? Ist es wirklich so schrecklich? Solche Extrembeurteilungen von normalen Vorfällen unseres Lebensalltags machen uns unfähig, mit dem Auf und Ab des Lebens fertig zu werden und glücklich zu bleiben. Menschen, die so denken, sind kaum in der Lage, Risiken einzugehen, denn das Erste, was sie denken, ist: *Wenn das schiefgeht, das ist das Ende…* Glückliche Menschen sehen es als Teil des Lebens, wenn etwas falschgelaufen ist, und sagen: »Das war wohl nichts. Mal überlegen, wie's jetzt weitergeht.« Sie schütteln die Sache ab und leben weiter.

Und vergessen Sie auch dieses nicht: Selbst dort, wo wirklich etwas Schlimmes passiert ist, gibt es in Gottes Perspektive immer noch Erlösung und eine Zukunft. Immer. Wenn Sie Gott in Ihrem Leben haben, brauchen Sie nicht ständig Angst zu haben, was alles kommen könnte; er wird immer bei Ihnen sein und Ihnen helfen, durch die Krise hindurchzukommen.

Hüten Sie sich vor Verallgemeinerungen

Manche Menschen neigen dazu, sofort zu verallgemeinern, wenn sie etwas Negatives erlebt haben. Sie sagen dann zum Beispiel: »So sind die Männer/Frauen nun mal.« Oder: »Die Firmen wollen ihre Angestellten doch alle nur ausbeuten.« Wenn Sie das tun, verschließen Sie sich dem Guten, das Gott für Sie bereithält. Die Bibel sagt, dass Gott Ihnen etwas »schenken möchte, das gut und vollkommen ist (vgl. Jakobus 1,17), aber wenn Sie ein paar schlechte Erfahrungen, die Sie mit Menschen gemacht haben, zum Maßstab für alles machen, können Sie für das, was Gott für Sie und Ihr Leben bereithat, nicht offen sein.

Das Gleiche gilt für Sie selber und Ihr Verhalten. Schließen Sie von ein paar Dingen, die nicht gut gelaufen sind, nicht gleich auf die ganze Zukunft! Tony Blair erzählte mir, dass in seinem ersten Wahlkampf bei einer seiner Reden nur eine Handvoll Zuhörer da waren und dass ihm die Rede gründlich misslang. Aber Niederlagen unter die Füße bekommen, so Blair weiter, ist eine der wichtigsten Lektionen, die man als Mann, der führen will, lernen muss. Wenn er von dieser einen Rede auf alle künftigen geschlossen hätte, wäre er niemals Premierminister geworden.

Sehen Sie immer beide Seiten

Die Realität ist, dass jeder Mensch im Leben Gutes und weniger Gutes erfährt. Das sagt uns Gott selber. Jesus sagte, dass wir in dieser Welt immer wieder Probleme haben werden (vgl. Johannes 16,33), wir sollten also nicht überrascht sein. Aber unglückliche Menschen neigen dazu, in vielen Situationen das Positive, das auch da ist, auszublenden und nur das Negative zu sehen – über sich selber, über die anderen und über das Leben.

Glückliche Menschen lassen sich von dem Negativen nicht das Leben madig machen. Sie sehen das Problematische in einer Situation, aber sind fähig, trotzdem auch das Positive zu sehen und zu schätzen. Sie lassen es nicht zu, dass ein kleiner Fleck das ganze Bild ruiniert. Glückliche Menschen sind keine Perfektionisten; sie freuen sich auch dann ihres Lebens, wenn es seine Mucken und Macken hat. Die Geburtstagsfeier kann immer noch ein voller Erfolg sein, auch wenn der Kuchen verbrannt ist. Die Kinder können immer noch viel Freude in der Schule haben, auch wenn sie den Mathematiklehrer oder den Fußballtrainer nicht mögen. Lassen Sie es nicht zu, dass

> Glückliche Menschen freuen sich auch dann ihres Lebens, wenn es seine Mucken und Macken hat.

die kleinen Mängel, die immer da sind, Ihnen den ganzen Rest verderben.

Gott ist größer als das Negative

Vergessen Sie nicht, dass Gott uns sagt, dass wir in einer Welt leben, in der nichts vollkommen ist. Aber er ist größer als alles Negative und möchte, dass wir uns über das Gute, das trotz allem noch da ist, freuen. Nehmen Sie seine Hand und tun Sie, was er tut. Er hat die Lage im Griff und kann aus allem etwas Gutes kommen lassen, selbst aus dem, was schlimm und negativ ist.

> *Und wir wissen, dass für die, die Gott lieben und nach seinem Willen zu ihm gehören, alles zum Guten führt. (Römer 8,28)*

Achten Sie auf Ihr Denken. Lassen Sie sich nicht vom Negativen unterkriegen. Wenn Sie das beherzigen, werden Sie ein viel glücklicherer Mensch sein. Sagen Sie: »Ich will mein Denken nicht an den Gewohnheiten dieser Welt orientieren, sondern es von Gott verändern und mich so zu einem neuen Menschen machen lassen« (vgl. Römer 12,2). Bringen Sie alle Ihre Gedanken dazu, Christus zu gehorchen (vgl. 2. Korinther 10,5) und »denken Sie richtig.«

Glückliche Menschen sind dankbar

Ich saß mit einem Freund beim Mittagessen, den ich längere Zeit nicht mehr gesehen hatte. Ich hatte ihn eingeladen, um zu hören, wie es ihm so ging. Ich hatte gehört, dass er dabei war, beruflich umzusatteln, und wollte gerne mehr erfahren. Er war ein großes Tier in der Unterhaltungsindustrie und Chef einer großen Firma, und ich fragte mich, warum er auf einmal etwas Neues anfangen wollte. *Der neue Job muss ja echt interessant sein,* dachte ich.

Was er mir erzählte, schockierte mich. Ihm war gekündigt worden. Ich konnte es schier nicht fassen; der Mann war in der ganzen Branche beliebt gewesen und hatte fantastische Ergebnisse eingefahren in all den Jahren. Und dem hatten sie gekündigt? Unmöglich. Aber wahr.

»Wie ist das gekommen?«, fragte ich ihn.

»Die Firma ist von einer anderen übernommen worden«, erklärte er mir, »und der neue Boss von der Konzernspitze kam rein und wollte halt die Stühle verrücken und alles Mögliche anders machen, wie das oft ist in solchen Fällen. Wahrscheinlich dachte er, dass sich das auf dem Aktienmarkt gut machen würde. Tja, und da hat er mich gefeuert.«

»Das ist ja nicht zu glauben … Wie lange warst du da?«, fragte ich. Ich wusste, dass es ziemlich lange war, aber nicht genau, *wie* lange.

»Einundzwanzig Jahre«, erwiderte er. »Hab mich von der Poststelle hochgearbeitet bis zu meiner letzten Position. Ich hab eigentlich gedacht, dass ich bis zu meiner Rente in der Firma bleiben würde, aber es hat nicht sollen sein.«

»Und wo bist du jetzt?«, fragte ich.

»Nirgends, bis jetzt jedenfalls. Ich bin arbeitslos.«

»Was?«, fragte ich. »Wie kann das sein? Du bist doch einer der Stars!«

»Kann schon sein, aber bis jetzt hab ich nichts Passendes gefunden. Ich hab mit vielen Leuten gesprochen, aber ich weiß noch nicht, wie es weitergehen wird.«

Mir war klar, dass es hart sein musste, nach über zwanzig Jahren gekündigt zu werden und nicht gleich eine passende neue Stelle zu finden. Ich holte Luft und fragte meinen Freund: »Und ... wie fühlst du dich?« Was würde er antworten? Die Glücksforscher hatten herausgefunden, dass der Verlust des Arbeitsplatzes mit das Schlimmste war, was der menschlichen Psyche passieren konnte.

»Ja, das ist ganz interessant«, sagte er. »Mir geht's gut. Ich staune selber darüber.«

»Wie meinst du das?«, fragte ich. Ich hatte meine Erfahrungen mit Menschen, die ihren Arbeitsplatz verloren hatten, und mein Freund machte einen entschieden besseren Eindruck, als ich erwartet hatte. Er strahlte eine richtige innere Ruhe aus.

»Ich möchte dir eine Geschichte erzählen«, sagte er. »Ich habe beschlossen, in der Zeit, wo ich keine Arbeit habe, für einen Marathonlauf zu trainieren. Das war schon lange ein Wunsch von mir gewesen, aber meine Arbeit ließ mir einfach nicht genügend Zeit, richtig zu trainieren, und da dachte ich: Jetzt oder nie! Und ich hab's also gemacht. Tja, letztes Wochenende war es dann so weit. Ich ging zu der Startlinie. Als ich da stand, kamen mir plötzlich die Tränen in die Augen. Ich merkte plötzlich, was für ein glücklicher Mensch ich bin!«

»Wie meinst du das?«

»Ich wurde auf einmal für so viele Dinge dankbar. Dafür, dass ich fit genug bin, um an einem Marathonlauf teilzunehmen. Für meine Familie und meine Freunde und für die Berufserfahrungen, die ich so lange in meiner Firma sammeln konnte. Und jetzt hör' zu: Ich war sogar dankbar dafür, dass meine Kündigung es mir ermöglicht hatte, endlich Marathon zu laufen. Bin ich jetzt krank, Herr Doktor?« Er lachte. »Verdränge ich die Realität?«

»Nein, du bist nicht krank«, erwiderte ich. »Was du da machst, ist genau richtig.«

Er fragte mich mit einer gewissen Neugier, wie ich das meinte, und ich erzählte ihm, was die psychologische Forschung in den letzten zehn Jahren alles entdeckt hatte und dass eines der wichtigsten Ergebnisse, das sich immer wieder bestätigt, dieses ist: *Dankbare Menschen sind glückliche Menschen.* Menschen, die es sich zur festen Gewohnheit gemacht haben, zu danken, sind definitiv glücklicher als andere Menschen, die dies nicht tun. Und in der Bibel ist dies eine der stärksten und häufigsten Botschaften Gottes: Seid dankbar.

Was immer auch geschieht, seid dankbar, denn das ist Gottes Wille für euch, die ihr Christus Jesus gehört. (1. Thessalonicher 5,18)

Immer wieder fordert die Bibel uns auf, dankbar zu sein und diese Dankbarkeit nicht zu verstecken, sondern offen zum Ausdruck zu bringen, gegenüber Gott und unseren Mitmenschen:

… damit ich dich preise und nicht schweige. Herr, mein Gott, für immer will ich dir danken! (Psalm 30,13)

Dann will ich dir vor der ganzen Gemeinde danken und dich vor dem ganzen Volk loben. (Psalm 35,18)

Die Psychologen können da nur zustimmen. Wer dankbar ist und dies auch offen zum Ausdruck bringt, ist glücklicher. Und nicht nur das, er hat auch mehr Energie und schaut optimistischer in die Zukunft, ja, er ist sogar körperlich sowie psychisch und emotional gesünder als jemand, der nicht dankt. Dankbare Menschen sind auch besser im Pflegen von Beziehungen und weniger neidisch und materialistisch eingestellt. Klingt ganz nach Leuten, die Sie gerne um sich hätten, nicht wahr?

Die gute Nachricht ist, dass man es lernen kann, zu danken und der Dankbarkeit einen größeren Platz in seinem Leben zu geben, mit positiven Ergebnissen. Experimente und der klinische Alltag mit Patienten haben gezeigt, dass Personen, die angehalten werden, systematisch Dankbarkeit einzuüben – zum Beispiel, indem sie aufschreiben, für was sie alles dankbar sind, ein Dankbarkeitstagebuch führen oder Besuche machen, um sich bei anderen Menschen zu bedanken –, dadurch glücklicher werden.[16] Dies ist ein Beispiel mehr dafür, dass der, der Gottes Gesetz befolgt, das Gesetz des Glücks befolgt. Gott hat unseren Körper und unser Gehirn buchstäblich so verdrahtet, dass sie lebendiger werden und mehr leisten, wenn wir bestimmte Aktivitäten praktizieren, und dazu gehört auch das Danken. Wenn wir danken, ist unsere innere Chemie besser, als wenn wir neidisch sind oder uns ärgern. Wie ein guter Vater oder eine gute Mutter sagt Gott uns, was gut für uns ist. Es ist sozusagen das göttliche Pendant zu dem Satz: »Iss dein Gemüse, dann wirst du groß und stark.«

Ich selber tue das als Vater auch. Ich sage meinen beiden Mädchen nicht nur, dass sie ihr Gemüse essen sollen, sondern auch, dass sie dankbar sein sollen. Und ich tue es auch als Vater, der gleichzeitig Psychologe ist. Wenn ich abends mit den Mädchen das Gutenacht-Gebet spreche, baue ich immer viel Danken ein: für das Gute, das der Tag gebracht hat, oder für Dinge in ihrem Leben überhaupt. Ich tue das mit Absicht, damit meine Mädchen dankbare Menschen werden, weiß ich doch, dass sie dann auch bessere und glücklichere Menschen sein werden. Ich möchte ihr ganzes Denken in dieser Richtung prägen. Das ist meine Aufgabe als Vater, und ich glaube, das ist der Grund, warum auch Gott seine Kinder zu Dankbarkeit aufruft. Ich bin sicher, dass er sich jedes Mal freut, wenn wir ihm für all das, was er für uns tut, danken. Aber er will auch, weil er uns liebt, dass wir so gesund und glücklich sind wie möglich, und dass er uns anweist, dankbar und nicht verbittert oder neidisch zu sein, gehört zu seiner väterlichen Leitung und Führung dazu.

»Was immer auch geschieht«

Wenn Sie den oben zitierten Vers aus dem 1. Thessalonicherbrief noch einmal lesen, werden Sie merken, dass er uns nicht nur so allgemein zur Dankbarkeit auffordert, sondern hinzufügt: »Was immer auch geschieht.« Auch dies ist eine für den Wissenschaftler hochinteressante Aussage.

Zunächst einmal passt sie zu dem, was wir in Kapitel 1 schon sahen: Nur 10 Prozent unseres Glücklichseins kommen aus unseren äußeren Umständen. Egal, wie unsere Lage also gerade ist, wir müssen Dankbarkeit einüben, um die bewussten 40 Prozent abzudecken. Selbst wenn es uns äußerlich gut geht, können wir unglücklich sein; das ist einer der Gründe dafür, dass man auch in Luxusvillen und Chefetagen unglückliche Menschen findet. Mag draußen noch so sehr die Sonne scheinen, in ihrer inneren Welt ist es grau. Dankbarkeit kann helfen, sie heller zu machen.

Zweitens ist Dankbarkeit in allen Lebenslagen eine gute Vorbeugung gegen das sogenannte »Alles-oder-Nichts-Denken«. Dies ist ein psychologischer Mechanismus, zu dem es kommt, wenn wir anfangen, die Welt, uns selber und andere Menschen »nur gut« oder »nur schlecht« zu sehen. Wenn das Leben uns schlechte Karten austeilt und wir durch eine Enttäuschung oder ein Missgeschick gehen, kann das Danken unsere innere Befindlichkeit stabilisieren und uns davor bewahren, die negative Erfahrung, die wir da gemacht haben, zu dem »ganzen Bild« aufzublähen, sodass wir das Leben nur noch als »schlecht« sehen. Mein gekündigter Freund ist ein exzellentes Beispiel dafür. Obwohl er arbeitslos ist, geht es ihm gut.

Ich erlebte viele ähnliche Beispiele in dem Jahr nach dem großen Wall-Street-Crash von 2008–2009. In meiner Tätigkeit als Führungspersonalberater für viele Firmen, die die Krise hart getroffen hatte, lernte ich Personen kennen, die am Boden zerstört waren, aber auch solche, die sich sehr gut schlugen. Ganz besonders erinnere ich mich an einen Fall, bei dem einer von den »am Boden Zerstörten« wieder hochkam, weil er das Danken praktizierte.

Er war im Verkauf tätig und seine Branche lag schwer danieder. Aber als ich die Firma besuchte, um zu sehen, wie sie ihre Verkaufszahlen steigern konnte, zeigte es sich, dass er gerade eines seiner besten Verkaufsjahre hatte, trotz der Rezession. Ich fragte ihn, wie er das geschafft hatte.

Er berichtete mir, dass er in den ersten Monaten des Crashs fix und fertig gewesen war. Er saß an seinem Schreibtisch, starrte den Bildschirm seines Computers an und war wie gelähmt. Aber dann las er irgendwo, dass Dankbarkeit eine gute Strategie war. Aber hören wir ihn selber: »Ich besorgte mir ein Album und klebte Fotos von den Menschen in meinem Leben, für die ich besonders dankbar bin, hinein. Dann stellte ich eine Liste der Dinge zusammen, für die ich dankbar bin, und schrieb die ebenfalls in das Album. Und dann fing ich an, jeden Tag mehrmals dieses Album aufzuschlagen und über die lieben

Menschen und all das Gute in meinem Leben nachzudenken. So mache ich das jeden Tag, und auf der Fahrt nach Hause, bevor ich über die Brücke zu der Autobahn fahre, halte ich kurz an und schalte innerlich noch einmal ganz bewusst auf Dankbarkeit um. Das hilft mir, den Stress des Tages hinter mir zu lassen, und es verändert mich. Ich habe entdeckt, dass ich es gut habe und dass ich wirklich dankbar bin. Als ich mit diesem Denken begann, kamen meine Energie und mein Antrieb zurück. Mein Gehirn funktionierte wieder. Ich fuhr los, besuchte Kunden und konnte mehrere Abschlüsse machen. Ich konnte sogar neue Kunden gewinnen. Das Blatt wendete sich, und jetzt habe ich mitten in der ganzen Krise das beste Verkaufsjahr hinter mir, das ich je hatte.«

Als ich das hörte, musste ich wieder an diesen Bibelvers denken: »Was immer auch geschieht, seid dankbar.« Ein weiser Rat aus Gottes Mund. Wenn wir das »Splitting« überwunden haben, werden wir wieder lebendig und können mehr leisten. Und nicht nur das, wir fühlen uns auch besser, weil wir uns auf das Gute konzentrieren und uns nicht von dem, was schlecht ist, unterkriegen lassen. Der alte Spruch: »Na ja, es könnte schlimmer sein. Wenigstens …« ist auch aus Sicht der Wissenschaft gute Medizin, für Leib und Seele.

Drittens: Das Danken in allen Lebenslagen stärkt unseren Charakter und macht uns zu Menschen, deren Glück nicht mehr von ihren äußeren Umständen abhängt. Wir erinnern uns: Nur 10 Prozent unseres Glücklichseins haben mit unserer äußeren Situation zu tun, der Rest hängt damit zusammen, wer wir sind und was wir machen. Das Leben ist ein ständiges Auf und Ab und schon deswegen sollten wir unser Glück nicht von den Umständen abhängig machen. Wie wir uns fühlen, hängt von unserer Beziehung zu Gott ab, von der Beziehung zu unseren Mitmenschen und von der Art, wie wir leben, und nicht davon, was sich gerade um uns herum tut.

In der wirtschaftlichen Rezession der vergangenen Jahre haben wir diese Wahrheit immer wieder studieren können. Es gibt die tragischen Fälle: Menschen, die von den Ereignissen so umgehauen worden sind, dass sie nicht mehr hochkommen. Doch zum Glück gibt es auch die anderen, die trotz leerer Brieftasche ein volles Leben haben. Sie stehen auf dem Felsengrund der »Wege Gottes«. Wissen Sie noch, mit welchen Worten Jesus seine Bergpredigt beendete?

Wer auf mich hört und danach handelt, ist klug und handelt wie ein Mann, der ein Haus auf massiven Fels baut. Auch wenn der Regen in Sturzbächen vom Himmel rauscht, das Wasser über die Ufer tritt und die Stürme an diesem Haus rütteln, wird es nicht einstürzen, weil es auf Fels gebaut ist. Doch wer auf mich hört und nicht danach handelt, ist ein Dummkopf; er ist wie ein Mann, der ein Haus auf Sand baut. Wenn der Regen und das Hochwasser kommen und die Stürme an diesem Haus rütteln, wird es mit Getöse einstürzen. (Matthäus 7,24-27)

Egal, in was für einer Lage wir uns befinden: Was die Bibel über das Danken sagt, kann uns stärker machen, selbst im schlimmsten Sturm. Eine Freundin von mir verlor ihren Mann unter tragischen Umständen. Es war eine Katastrophe für sie und ihre drei kleinen Kinder und eine schlimme Zeit.

Es war erstaunlich, wie schnell sie wieder innerlich auf die Beine kam. Als ich sie wieder einmal besuchte, sagte ich ihr, dass ich nicht begreifen konnte, wie gut sie sich schlug nach dem, was sie da durchgemacht hatte. Ihre Antwort erstaunte mich: »Es ist furchtbar gewesen. Ich kann dir gar nicht sagen, wie furchtbar. Aber ich bin für so viele Dinge dankbar. Meine Verwandten, meine Freunde und die Leute in der Kirche haben mir so geholfen. Sie sind immer für mich da gewesen und haben mich aufrecht gehalten. Ich weiß nicht, wie ich das ohne sie schaffen könnte. Ich bin so gesegnet.«

Mitten in der Trauer um ihren geliebten Mann trug ihr dankbares Wesen sie durch und machte ihr diese Tage erträglich. Es war die Hilfe durch ihre Mitmenschen, aber auch ihr Wissen darum, selbst in dieser schwierigen Lage gesegnet zu sein, was ihr entscheidend half, diese Wegstrecke ihres Lebens durchzustehen.

Leben heißt lieben. Danken auch

Das zweite Besondere an der Dankbarkeit ist, dass sie uns mitten in das Herz des Lebens hineinführt, wie Gott es sich gedacht hat: in Liebe und Beziehung. Wir sind als Beziehungswesen erschaffen, und wir schlagen uns, auf allen Gebieten des Lebens, am besten, wenn wir starke Beziehungen haben. Und der Weg dorthin führt über die Dankbarkeit.

Vor Kurzem hatte ich in Chicago ein Dinner mit jemandem, der dort kein Unbekannter ist. Als unsere Rechnung kam, eröffnete der Kellner uns: »Die Rechnung ist bereits beglichen.«

»Bereits beglichen?«, fragten wir. »Von wem?«

»Die Person wünscht, anonym zu bleiben. Sie hat die Rechnung beglichen und Ihnen ein angenehmes Dinner gewünscht.«

»Aber ... wer war das? Wir möchten ihm – oder ihr – gerne danken.«

»Sorry«, sagte der Kellner. »Das kann ich Ihnen nicht sagen. Freuen Sie sich einfach.«

Und er ging. Und jetzt, wo es gratis war, fanden wir das Dinner noch besser. Was für ein Geschenk! Bis auf eines.

Irgendwie hingen wir in der Luft. Ich hörte förmlich, wie mein Herz fortfuhr: *Aber … aber … wer war das? Wer hat mir dieses Geschenk gemacht? Sagen Sie es mir, damit ich ihm danken kann!* Es war gerade so, als ob der Freude über das Geschenk etwas fehlte, solange wir nicht wussten, wem wir zu danken hatten. Wir fühlten uns glücklich und gleichzeitig ein Stückchen wie leer.

Und ich musste denken: *Wenn man im Leben Gutes erfährt, aber keine Beziehung zu Gott hat, ist das das gleiche Gefühl.* Wir genießen einen Sonnenuntergang oder einen schönen Tag oder das Gesicht eines Kindes – und das war's. Was machen wir mit dem Teil unserer Seele, der sich dankbar fühlt für dieses wunderbare Erlebnis? An wen können wir uns wenden? Wem können wir danken? Oder sollen wir uns »einfach so« glücklich fühlen? Ich war an jenem Abend in dem Restaurant dankbar dafür, dass Gott uns nicht nur seine Gaben und seinen Segen gibt, sondern dass wir ihm auch danken können. Das Bild wird gleichsam vollständig und der Kreis der Liebe schließt sich, wenn wir zu Gott hochschauen und sagen können: »Danke.«

Und das Gleiche geschieht, wenn wir anderen Menschen »Danke« sagen für das, was sie uns gegeben haben. Wir halten das Geschenk in unseren Händen, aber das »Danke« an den Geber schließt den Kreis und vervollständigt damit gleichsam das Beschenktwerden. Einem Menschen »Danke« sagen zu können für das, was er mir gegeben hat, für mich getan hat, für das Vorbild, das er mir ist, oder einfach für das, was er mir für mein Leben bedeutet, ist selber ein wunderbares Geschenk, das noch zu dem Geschenk, das ich da empfangen habe, hinzukommt. Im Danken liegt Segen. Es macht den Dankenden glücklich und erfüllt. Es führt uns in die Mitte des Lebens, wie Gott es sich gedacht hat: in die Beziehung. Es bindet mich fester und tiefer an den Geber, es ist der Zement unserer Beziehung.

Tun Sie es einfach! Erstens: Nehmen Sie Ihre Dankbarkeitsgefühle bewusst wahr. Lauschen Sie in sie hinein. Sie werden Ihre Seele füllen, Sie glücklich machen und Ihr Wohlbefinden heben.

Zweitens: Fassen Sie Ihre Dankbarkeit in Worte. Schreiben Sie sie auf, lesen Sie sie laut vor. Legen Sie ein Dankbarkeitstagebuch an. Die Wissenschaft hat festgestellt, dass die bloße Tatsache, dass man solch ein Tagebuch führt, die Stimmung hebt. Auf Dankbarkeit folgt Glücklichsein.

Drittens: Sagen Sie diese Worte Gott und Ihren Mitmenschen. Sagen Sie ihnen, wofür Sie ihnen dankbar sind. Besuchen Sie zum Beispiel einen Ihrer alten Lehrer aus der Schule und danken Sie ihm für das, was er Ihnen für Ihr Leben mitgegeben hat. Oder gehen Sie ans Telefon und rufen Sie eine Freundin an, um ihr zu sagen, wie dankbar Sie für sie sind. Danken Sie Ihren Angestellten, Ihren Kollegen, Ihrem Chef. Machen Sie das Ausdrücken von Dankbarkeit zu einem festen Bestandteil Ihres Lebens. Die Menschen, denen Sie danken, werden sich geschätzt und gesegnet fühlen und auch Sie selber werden sich besser fühlen.

Glückliche Menschen haben Grenzen

Jetzt ist es offiziell: Wenn Sie es nicht zulassen, dass andere Menschen Sie beherrschen, ausnutzen oder schlecht behandeln, sind Sie glücklicher. Das hat die Wissenschaft bewiesen und die Bibel sagt uns dasselbe. Aber braucht es wirklich die Wissenschaftler oder Gott, um uns das zu sagen? Vielleicht schon.

Warum sage ich das? Weil Menschen, die von anderen schlecht behandelt werden, oft gar nicht merken, dass sie das ja selber *zulassen*. Sie sind sich nicht darüber im Klaren, wie viel sie für ihr eigenes Glück tun könnten, wenn sie nur aufhören würden, sich von anderen Menschen und ihrem Verhalten bedrängen und bestimmen zu lassen. Kurz: Sie sehen nicht, dass sie keine guten *Grenzen* haben.

Sie denken entweder, dass das Schicksal sie dazu verurteilt hat, wegen eines anderen Menschen unglücklich zu sein, oder dass sie erst dann glücklich sein werden, wenn dieser andere sich auf die und die Art verändert. In Wirklichkeit ist es gerade andersherum: Sie werden nicht dann glücklich werden, wenn der andere sich verändert, sondern wenn *sie selber* sich verändern und die Herrschaft über sich selber übernehmen.

»Wie geht man richtig mit jemandem um, der von der dominierenden Sorte ist?«, fragte eine Teilnehmerin in einem meiner Seminare.

»Wie meinen Sie das, ›dominierend‹?«, fragte ich die Frau.

»Na, Sie wissen doch … Leute, bei denen immer alles nach ihrem Willen gehen muss oder die einen ständig kritisieren und runtermachen«, sagte sie. »Solche Typen. Was macht man mit so einem Menschen am besten?«

»Man macht ihn zu einem anderen Menschen.«

»Zu einem anderen Menschen? Soll ich ihn bekehren, obwohl er sich nicht für Gott interessiert?«

»Ich habe nicht von Bekehrung gesprochen, sondern Veränderung. Aus einem dominierenden Menschen muss ein frustrierter Mensch werden.«

»Wie meinen Sie das?«, fragte die Frau.

Der Unterschied zwischen dominierend und frustriert

»Nun«, sagte ich. »Im Grunde genommen gibt es gar keine dominierenden Menschen. Sie beschreiben diese Person nur deswegen als dominierend, weil Sie ihr nachgeben, wenn sie alles kontrollieren und bestimmen will oder wenn sie Sie kritisiert. Wenn Sie das tun, fühlen Sie sich dominiert, und dann nennen Sie diesen Menschen ›dominierend‹.«

Ich fuhr fort: »Und da wäre mein Vorschlag, dass Sie diese Person aus einer dominierenden zu einer frustrierten Person machen, durch einen einzigen simplen Schritt: *Hören Sie auf, ihr nachzugeben.* Wenn Sie ihren Forderungen und Manipulationen nicht mehr nachgeben, dominiert sie Sie nicht mehr, sondern wird stattdessen *frustriert.* Es fuchst sie, dass Sie ihr nicht nachgeben, aber Macht über Sie hat sie keine mehr, oder? Sagen Sie einfach Nein und das Problem ist gelöst. Und anschließend zeigen Sie Verständnis mit diesem Menschen und sagen: ›Es tut mir leid, dass es dich frustriert, dass ich dir diesen Wunsch nicht erfülle. Ich kann dich gut verstehen.‹ Es ist schön, Verständnis für jemanden zu zeigen, der gerade frustriert ist, aber es ist selbstmörderisch, jemandem nachzugeben, der einen beherrschen will.«

Man konnte förmlich sehen, wie dieser Frau ein Licht aufging. Sie hatte sich so daran gewöhnt, alles zu tun, was die anderen von ihr wollten, und ihre ständige Kritik und Herabsetzungen brav über sich ergehen zu lassen, dass ihr nie der Gedanke gekommen war, wie machtlos diese Menschen ihr gegenüber eigentlich waren. Letztlich konnte immer noch sie selber darüber bestimmen, was sie tat oder nicht tat und was sie schluckte oder nicht schluckte.

Aber Vorsicht: Wenn Sie es mit einem Menschen zu tun haben, der Sie körperlich misshandelt oder misshandeln könnte, kann es gefährlich sein, ihn direkt zu konfrontieren. In solchen Fällen müssen Sie zuerst an Ihre persönliche Sicherheit denken. Suchen Sie Hilfe bei Freunden oder in einer geeigneten Einrichtung!

Später schrieb diese Seminarteilnehmerin mir, um mir mitzuteilen, dass sie mich verstanden hatte. Sie hatte angefangen, konsequent Grenzen zu ziehen, und ihr ganzes Leben hatte sich geändert. Es hatte dazu natürlich mehr gebraucht als den kurzen Austausch mit mir auf dem Seminar. Diese Frau hatte viel aufzuarbeiten. Sie war sogar einer Selbsthilfegruppe beigetreten und hatte die Dienste eines guten Psychologen in Anspruch genommen. Aber jenes Seminar hatte sie wach gerüttelt aus der falschen Vorstellung, dass sie nichts machen konnte, wenn andere sie tyrannisierten.

Dies ist eine der wichtigsten Lektionen, die Sie lernen müssen, wenn Sie glücklicher werden wollen. Die Psychologen wissen schon seit Langem, dass glückliche Menschen eine sogenannte »innere Kontrollüberzeugung« haben, d.h. sie wissen darum, dass sie von sich selber kontrolliert werden und nicht von anderen Menschen oder von den Umständen. Für das Stichwort »Grenzen« bedeutet dies, dass man es nicht zulässt, dass sein Leben von den Kontrollversuchen, Manipulationen, dem Leichtsinn oder gar der Gewalt anderer Menschen bestimmt wird. Grenzen haben bedeutet, hinzustehen und selber zu entscheiden, was man in seinem Leben zulässt und was nicht.

Die Bibel hat zu dem Thema »Grenzen« einiges zu sagen. In Sprüche 4,23 lesen wir: »Vor allem aber behüte dein Herz, denn dein Herz beeinflusst dein ganzes Leben.« Und in Sprüche 22,5: »Der Weg hinterlistiger Menschen ist verschlungen und dornenreich; wer sein Leben liebt, hält sich fern von ihnen!« (HFA).

Gesunde Grenzen schützen Ihr Herz, Ihren Verstand, Ihre Seele und Ihre Kraft (vgl. 5. Mose 6,4-6). Wenn Sie Ihr Herz mit den richtigen Grenzen versehen, werden Sie nicht nur weniger versucht sein, andere schlecht zu behandeln, Sie schützen auch sich selber vor dem, was die anderen Ihnen antun können. Ohne solche Grenzen dagegen werden die Raubtiere und Glückskiller in Ihr Territorium einbrechen und Ihnen Ihr Glück nehmen, wenn nicht noch schlimmer.

Grenzen haben bedeutet, selber zu entscheiden, was man in seinem Leben zulässt und was nicht.

Behüten Sie Ihr Herz

Wenn Ihr Herz in Ordnung ist, werden Sie sich wohler und glücklicher fühlen. Wenn Sie also glücklicher werden wollen, sollten Sie sich anschauen, wie gut (oder schlecht) Sie Ihr Herz behüten, um an den Bibelvers aus Sprüche 4 oben anzuknüpfen. Erlauben Sie es irgendjemandem, Ihnen »Ihr Glück zu stehlen«? Gibt es in Ihrem Leben eine oder mehrere Personen, die die Macht haben, Sie zu manipulieren oder Ihnen »ein schlechtes Gewissen zu machen«? Gibt es jemanden, der

Sie aktiv verletzt? Ja? Dann erobern Sie die Kontrolle über Ihr Leben zurück, indem Sie nicht länger zulassen, dass diese Menschen Sie so behandeln. Hören Sie, wie David in einem seiner Psalmen seine Grenzen auflistet und sagt, was für Dinge im Leben er sich nicht gefallen lässt:

Böses und Gemeines will ich nicht einmal ansehen. Gottes Gebote zu übertreten ist mir verhasst, damit will ich nichts zu tun haben.
Ich will schlechten Gedanken keinen Raum in mir geben und mich von allem Bösen fernhalten.
Ich will nicht dulden, dass einer schlecht über einen anderen redet. Stolz und Hochmut will ich nicht zulassen.
Stattdessen will ich auf die Gottesfürchtigen achten, damit sie sicher bei mir wohnen. Nur vorbildliche Menschen dürfen mir dienen.
In meinem Haus sollen keine Betrüger wohnen und Lügner will ich in meiner Gegenwart nicht dulden.
Jeden Morgen mache ich mich auf, die Gottlosen im Land zu vernichten, um die Stadt des Herrn von ihnen zu befreien.
(Psalm 101,3-8)

Schauen Sie einmal auf Ihr Leben zurück und stellen sich die folgende Frage: Was wäre in meinem Leben anders gewesen, wenn ich die gleichen Grenzen wie David gehabt hätte? Ihre Prüfliste könnte zum Beispiel so aussehen:

- Mit »bösen und gemeinen« Dingen will ich nichts zu tun haben.
- Menschen, die treulos sind, traue ich nicht über den Weg.
- Ich halte Abstand zu jedem, der aus Gutem Böses macht.

- Ich lasse mich nicht mit Verleumdern ein.
- Ich dulde keine Arroganz oder Kritik von oben herab.
- Ich gebe mich mit niemandem ab, der lügt.
- Ich suche die Nähe guter, gottesfürchtiger Menschen.
- Ich mache es mir zur täglichen Gewohnheit, meine Grenzen gegen die Bösen durchzusetzen.

Wenn ich Menschen frage, was in ihrem Leben anders gelaufen wäre, wenn sie die gleichen Grenzen wie David gehabt hätten, kann ich oft schon an ihren Gesichtern ablesen, dass es in ihrem Leben viel Elend gegeben hat, das sie sich mit guten Grenzen hätten ersparen können.

Erfolgskontrolle der anderen Art

Vielleicht denken Sie jetzt: Der hat gut reden. Das mit den gesunden Grenzen ist gar nicht so einfach. Es gibt Menschen in der Welt, die uns schaden oder verführen wollen, und oft durchschauen wir sie nicht sofort. Das stimmt. Aber es stimmt auch, dass Menschen mit guten Grenzen schnell auf »Grenzverletzungen« reagieren und es nicht zulassen, dass Verhaltensweisen, die destruktiv oder verantwortungslos sind, einreißen. Sie ersticken das falsche Verhalten oder das Beziehungsgift im Keim und konfrontieren die problematische Person; sie stellen sie vor die Wahl, entweder ihr Verhalten zu ändern oder die Konsequenzen zu tragen, zum Beispiel, dass Sie auf Distanz zu ihr gehen.

> Menschen mit guten Grenzen reagieren schnell auf »Grenzverletzungen« und lassen es nicht zu, dass Verhaltensweisen, die destruktiv oder verantwortungslos sind, einreißen.

Shelly war Talentmanagerin in der Unterhaltungsindustrie, die die Karrieren von Film- und Fernsehschauspielern begleitete. Ich lernte sie nach einem Fernsehinterview von mir kennen, bei dem sie zufällig mit im Studio war. Das Interview ging über das Thema »Grenzen«, und als es fertig war, kam sie zu mir, stellte sich vor und fragte, ob wir zusammen Mittag essen könnten. Wir gingen in die Cafeteria, setzten uns an einen Tisch und sie begann, mir von ihrer Arbeit zu erzählen.

Sie liebte ihren Job, aber sie hatte mehrere Kunden, die ihr das Leben und ihre ansonsten schöne und sinnvolle Karriere schwer machten und verdarben. Sie wurden wütend auf sie, wenn sie Fehler gemacht hatten, waren so anspruchsvoll, dass es schon fast krankhaft war, und konnten nicht mit ihrem Geld umgehen. Ihre Ratschläge befolgten sie nicht, aber wenn es dann Probleme gab, gaben sie ihr die Schuld.

»Dann schicken Sie sie doch in die Wüste«, sagte ich.

»*Was*? Meine Kunden?«

»Ja. Warum nicht? Natürlich nicht alle, sondern nur die, die Ihnen das Leben so schwer machen. Und richtig kündigen brauchen Sie ihnen gar nicht; machen Sie einfach eine Erfolgskontrolle mit ihnen, wie in jeder anderen Geschäftsbeziehung auch.«

»Eine Erfolgskontrolle?«, fragte sie.

»Ja. Sagen Sie ihnen, dass Sie bestimmte Erwartungen an Ihre Klienten haben, so wie Ihre Klienten ja auch an Sie. Sie erwarten von ihnen, dass sie Ihren Rat befolgen, Ihnen die Informationen geben, die Sie brauchen, und Sie respektvoll behandeln. Machen Sie ihnen klar, dass sie das bisher nicht tun, dass Sie von ihnen erwarten, dass das in Zukunft besser wird, und dass Sie dann, wenn es nicht besser wird, nicht mehr ihre Managerin sein können.«

»Ich weiß nicht ...«, sagte sie. »Wenn die meine Erwartungen nicht erfüllen, heißt das ja, dass ich Kunden verliere, und die brauche ich doch, wenn ich mein Geld verdienen will.«

»Womit wir bei dem eigentlichen Problem wären«, sagte ich. »Sie sind in Ihrem Beruf zurzeit von Leuten abhängig, die nicht gut für Sie sind. Ich glaube, dieses Problem sollten Sie als Erstes angehen; danach können Sie das andere regeln.«

Etwa ein Jahr danach rief sie mich an und lud mich auf einen Kaffee ein. Als wir uns setzten, strahlte sie. »Ich hab's geschafft«, eröffnete sie mir. »Ich habe mich von meinen Problemkunden getrennt, und jetzt ist meine Arbeit so schön, dass ich nicht glücklicher sein könnte.«

»Das ist ja toll«, sagte ich. »Wie haben Sie das gemacht?«

»Also, der Reihe nach. Als Erstes habe ich mir ein paar neue Kunden besorgt und auch einen Teilzeitjob als Drehbuchbetreuerin, damit ich auf jeden Fall genügend Einnahmen hatte, um meine Brötchen kaufen zu können. Danach habe ich diese Gespräche geführt, die Sie mir empfohlen hatten. Ein paar dieser Kunden wurden wütend und gingen, andere haben sich tatsächlich gebessert, und alles in allem habe ich jetzt lauter Kunden, mit denen ich gerne arbeite, und mein Beruf macht mir wieder Spaß. Es scheint sogar, dass ich jetzt, nachdem ich mich geändert habe, bessere Kunden kriege.«

»Und da sind Sie ein völlig normaler Fall«, sagte ich. »Ändern Sie sich und die Welt um Sie herum wird sich auch ändern. Gut gemacht!«

Ich strahlte. Ich liebe es, wenn Menschen eines der größten Geschenke finden, die Gott uns gegeben hat: Freiheit. Freiheit von Menschen, die ihnen das Leben sauer machen, oder sonst eine Freiheit. Gott möchte, dass Sie nicht von anderen Menschen bedrückt und niedergemacht werden, und er gibt Ihnen die Fähigkeit, Ihr Leben so in den Griff zu bekommen, dass Sie frei sind.

Ändern Sie sich und die Welt um Sie herum wird sich auch ändern.

Aber dazu müssen Sie vor dem zweiten Schritt den ersten tun. So wie diese Talentmanagerin zunächst einmal dafür sorgen musste, dass ihre finanzielle Basis sichergestellt war, müssen auch Sie sich zuerst die nötige Rückversicherung besorgen, vor allem, was Ihre emotionalen Bedürfnisse angeht. Suchen Sie sich ein geeignetes Hilfsnetz oder eine Selbsthilfegruppe, die Ihnen in schwierigen Situationen den Rücken stärken. Bedenken Sie, dass es den Menschen, die Sie beherrschen wollen, gar nicht schmeckt, wenn Sie sich aus Ihrem Griff frei machen. Falls sie allergisch oder wütend reagieren, brauchen Sie Freunde, die hinter Ihnen stehen.

Wie auch immer – suchen Sie Hilfe und schützen Sie Ihr Herz, Ihr Denken, Ihre Seele, Ihre Kraft und Ihren Körper. Gott möchte, dass Sie weise leben und sich nicht unnötig in (emotionale oder andere) Gefahr begeben. Wie es in der Bibel heißt:

> *Ein kluger Mensch sieht die Gefahr voraus und bringt sich in Sicherheit; die Unerfahrenen stolpern blindlings dahin und müssen die Folgen tragen. (Sprüche 22,3)*

Um die Kraft zu haben, das zu tun, was Sie tun müssen, brauchen Sie die Sicherheit einer guten Beziehung zu Gott und zu den richtigen Menschen.

Was sollen Ihre Grenzen sein?

Manchmal ist es gut, wenn man, wie David, sich überlegt, was für Grenzen einem wichtig sind, und dies dann niederschreibt. Hier ein paar Vorschläge, die Sie gerne ergänzen können:

- Ich lasse es nicht zu, dass andere mich anschreien oder mit Worten fertigmachen. Wenn sie es doch tun, gehe ich so lange auf Distanz, bis es aufgehört hat.

- Ich werde keinem Lügner oder Betrüger vertrauen. Das Lügen muss aufhören, bevor ich dieser Person wieder vertraue.
- Ich werde nicht geradestehen für das, was andere sich mit ihrem verantwortungslosen Verhalten eingebrockt haben. Wenn so jemand erwartet, dass ich ihn »rette«, sage ich ihm, dass er mir nicht egal ist, aber dass dies *sein* Problem ist und nicht meines.
- Ich halte Abstand von Alkohol- und Drogensüchtigen.
- Missbrauch jeder Art dulde ich nicht.
- Ich lasse es nicht zu, dass man mich ständig kritisiert oder emotional misshandelt. Ich werde das Problem angehen und zu lösen versuchen, und wenn es sich nicht lösen lässt, werde ich die Beziehung beenden.
- Ich lasse es nicht zu, dass jemand mich von meinem persönlichen Wachsen oder meiner Beziehung zu Gott abbringt.

In dieser Liste geht es nur um Menschen, die uns verletzen oder Böses tun, aber wir müssen natürlich auch auf der Hut sein vor Menschen, die uns dazu verführen wollen, selber Böses zu tun. Die fertige Liste wird bei jedem anders aussehen, je nachdem, wo er Grenzen besonders braucht. Die obige Liste wurde von jemandem erstellt, der sich früher in seinen Beziehungen zu viel hatte gefallen lassen. Vielleicht geht es in Ihrer Liste mehr darum, Ihre Ziele zu erreichen oder Ihr Leben in einer anderen Richtung aufzubauen. Dann könnte es in ihr zum Beispiel heißen: »Ich lasse es nicht zu, dass die anderen mich dauernd ablenken oder unterbrechen, wenn sie etwas von mir wollen. Für die nächste Zeit hat mein Projekt XY Priorität.« Grenzen sind nicht nur wichtig, um uns vor Bösem zu schützen, sondern auch, um die guten Dinge zu schützen, die wir aufzubauen versuchen.

Hier noch ein Beispiel aus meiner Tätigkeit als Autor: Wenn ich ein Buch schreibe, muss ich mir Zeit dafür freischaufeln, oder ich schaffe es nie. Wenn ein Termin unerbittlich näher kommt und ich einem Freund, der mich zum Lunch einladen möchte, sage: »Doch, das wäre schön. Kannst du mich in vier Monaten noch mal fragen?«, schaut der mich manchmal an, als ob ich nicht alle Tassen im Schrank habe, aber wenn ich mich nicht so verhalte, kriege ich das Buch nie fertig.

Grenzen schützen uns nicht nur vor bösen Dingen, sie schützen auch die guten Dinge, die wir aufzubauen versuchen.

Schützen Sie Ihre Träume, Ihre Leidenschaften, Ihre Zeit, Ihre Kraft, Ihr Herz, Ihr Denken und Ihre Seele. Sie schützen diese Dinge nicht aus purem Egoismus (Grenzen sind nicht dazu da, Sie in einen Egozentriker zu verwandeln), sondern damit Sie Schätze zur Verfügung haben, die Sie im Dienst an den Menschen, die Ihnen wirklich wertvoll sind, sinnvoll einsetzen können. (Nicht vergessen: Zu diesen Menschen gehören auch Sie selber.) Wenn Sie diese Art Grenzen haben, haben Sie einen Schutzzaun um Ihr Glück gebaut.

Herr, gib acht auf das, was ich rede, und wache über meine Lippen!
(Psalm 141,3)

Glückliche Menschen vergeben

Ich habe zwei Freundinnen, die einander nicht kennen, aber die gut und gerne Schwestern oder mindestens Cousinen sein könnten, denn Rachel und Susan haben eine ganz ähnliche Jugend gehabt. Beide wuchsen in Familien auf, die sie furchtbar behandelten, ja, misshandelten. Dass sie beide heute am Leben sind und dass etwas aus ihnen geworden ist, ist ein Wunder Gottes. Aber es gibt auch große Unterschiede zwischen ihnen.

An Rachel kommt man nicht leicht heran. Sie ist misstrauisch und hat eine gewisse zynische Ader, die etwas Originelles an sich hat, aber die es ihr manchmal schwer macht, Beziehungen zu bauen. Susan dagegen ist emotional offen gegenüber anderen Menschen, und wenn man ein anständiger, vertrauenswürdiger Mensch ist, kann man gut eine Beziehung zu ihr aufbauen. Wenn man ihr gegenübersitzt, hat man den Eindruck, dass sie ganz da ist.

Rachel hat etwas Hartes an sich. Ihre Freunde und Kollegen finden sie manchmal schroff, ja, aggressiv. Susan lässt zwar auch nicht alles mit sich machen, aber sie ist offen, direkt und pflegeleicht.

Rachel tut sich schwer in ihren Beziehungen; es gibt viele Konflikte, besonders dann, wenn sie den Eindruck hat, dass jemand sie verletzt hat. Susan dagegen hat etliche Freundschaften, die schon seit Langem bestehen und in denen es keine Probleme gibt.

Rachel hat ihre Probleme mit den Männern. Obwohl sie eigentlich gerne einen Mann hätte, ist sie als Vierzigjährige immer noch unverheiratet, denn an jedem Mann, den sie kennenlernt, findet sie alsbald etwas auszusetzen. Susan dagegen mag Männer. Sie hat mehrere gute Freundschaften mit Männern und seit zwanzig Jahren einen guten, liebevollen, ehrlichen und anständigen Ehemann.

Rachel ist eine Gerechtigkeitsfanatikerin. Jedes Mal, wenn etwas schiefgelaufen ist, besteht sie darauf, den Übeltäter zu stellen und es ihm heimzuzahlen. Susan ist Gerechtigkeit auch wichtig, und ich habe es erlebt, wie sie einige Mühen, ja, Widrigkeiten auf sich genommen hat, um Menschen zu helfen, die von anderen schlecht behandelt worden waren. Aber man hat bei ihr nie den Eindruck, dass sie einen Rachefeldzug führt.

Rachel ist von ihrem Vater entfremdet und die Beziehung zu ihrer Mutter ist gespannt. Susan pflegt eine so positive Beziehung zu ihren Eltern, wie es möglich ist, und sorgt für sie in ihrem Alter.

Beide, Susan und Rachel, sind intelligente und begabte Frauen. Alles in allem mag ich Susan sehr und bin gerne mit ihr zusammen. Rachel dagegen kann ich sozusagen »nur in kleineren Mengen vertragen«; ein paar Mal im Jahr reicht mir meistens. Und obwohl beide Frauen begabt sind, hat Susan mehr aus ihrem Leben gemacht als Rachel. Alles in allem ist sie ein glücklicher Mensch, während wohl die meisten, die Rachel kennen, Rachel als unglücklich bezeichnen würden.

Ich möchte mich nicht zum Richter über diese beiden Frauen aufwerfen, und ich glaube, dass es meist nicht hilfreich ist, Menschen zu vergleichen, wie ich bereits vorher ausgeführt habe. Ich weiß nicht, wie es ist, eine Rachel zu sein oder wie man zu einer Rachel wird. Susan kenne ich wesentlich besser und habe eine bessere Vorstellung davon, warum ihr ihre Beziehungen und das Leben glücken. Aber ohne jetzt den großen Richter oder Vergleicher spielen zu wollen, muss ich doch sagen, dass es einen sehr großen Unterschied zwischen den beiden Frauen gibt: Susan ist ein Mensch, der vergibt, und Rachel nicht.

Als Psychologe glaube ich, dass diese unterschiedlichen Einstellungen zum Thema »Vergeben« einen Gutteil des Unterschieds zwischen Rachels und Susans Leben erklären. Und nicht nur des Unterschieds zwischen Rachels und Susans Leben, sondern auch des Unterschieds zwischen dem Leben glücklicher und unglücklicher Menschen.

Warum Vergeben so wichtig ist

Die Bibel und die psychologische Forschung sehen in der Vergebung eine der wichtigsten Gaben, die wir haben können. Es hilft uns nicht nur ganz enorm, wenn andere Menschen uns vergeben, sondern auch, wenn wir selber vergeben. Nach allem, was wir wissen, ist der Mensch, der vergibt, selber der größte Nutznießer davon. Menschen, die vergeben, fühlen sich wohler in ihrer Haut, erleben größere Befriedigung in ihrer Ehe und sind physisch und psychisch gesünder. Wer nicht vergibt, hat nachweislich einen höheren Puls und Blutdruck – überlegen Sie nur einmal, was für langfristige Folgen dies haben kann! Und selbst nach einem Herzinfarkt sind Patienten, die es lernen zu vergeben, ausgeglichener und haben weniger Herzprobleme.[17]

Menschen, die vergeben, haben eine Menge positive Eigenschaften, die ihnen im Umgang mit anderen Menschen wie in ihrem Leben überhaupt helfen. Sie sind besser in der Lage, das Leben weitergehen zu lassen, wenn etwas schiefgelaufen ist, und grübeln nicht ständig darüber nach, wie sie sich rächen oder etwas heimzahlen können.[18] Es geht ihnen einfach besser. Und wem geht es

Nach allem, was wir wissen, ist der Mensch, der vergibt, selber der größte Nutznießer davon.

nicht besser, wenn er ohne einen Rucksack voller Groll herumläuft und ohne einen Kopf voller negativer Gedanken über irgendein Ereignis in der Vergangenheit oder über einen Menschen, der ihm wehgetan hat?

Es gibt heute eine Menge wissenschaftliche Literatur über die Macht der Vergebung, aber als Praktiker weiß ich auch ohne diese Artikel um diese Macht. Ich habe sie wieder und wieder erlebt im Leben der Menschen, mit denen ich gearbeitet habe. Die Menschen, die vergeben können, sind mit Abstand die gesündesten und am wenigsten belastet von dem, was andere ihnen angetan haben. Sie tun sich viel leichter damit, sie selber zu sein und sich das Leben aufzubauen, das sie wollen, als die, die noch nach Jahren nicht vergessen können (oder wollen), was andere ihnen angetan haben. Warum ist das so? Die Antwort führt uns in das Herz der Vergebung.

Vergeben heißt eine Schuld löschen. Wenn jemand Ihnen etwas Böses getan hat, dann ist er in einem sehr realen Sinne Ihr *Schuldner*. Er hat etwas getan, das er nicht hätte tun sollen, und jetzt verlangt die Gerechtigkeit, dass er dies wiedergutmacht. Sie können dieser Person ihr Fehlverhalten ganz buchstäblich »vorhalten«; juristisch ausgedrückt haben Sie eine berechtigte Forderung gegen sie. Darum heißt es im Vaterunser: »Und vergib uns unsere Schuld, wie wir vergeben unseren Schuldigern.« Das Wort *vergeben* bedeutet ursprünglich, dass man jemandem etwas, das einem von ihm zusteht und auf das man einen Anspruch hat, »schenkt« oder »erlässt«, so wie man im wirtschaftlichen Leben eine finanzielle Schuld erlassen kann (im Englischen kann man sie sogar »vergeben«).

Wenn ich einem Menschen vergebe, heißt das also, *dass er mir nichts mehr schuldet*, weil ich ihm sein Vergehen nicht mehr vorhalte. So wie eine Bank ein Darlehen abschreibt und den Schuldner damit aus seiner Zahlungspflicht entlässt, entlassen wir unseren »Schuldner« aus seiner Pflicht uns gegenüber. Wir löschen sie in unseren Büchern und setzen das Schuldkonto auf null zurück.

Das Vergeben hat weitreichende Wirkungen für unsere Beziehungen und unsere Gefühle, denn es bedeutet ein dreifaches Abgeben bzw. Verzichten: 1. Ich verzichte auf das Bedürfnis, es dem anderen heimzuzahlen, und auf alle damit verbundenen negativen Gefühle. – 2. Ich verzichte auf den Wunsch, ihm wehzutun oder ihm ein schlechtes Gewissen zu machen. – 3. Ich verzichte auf die Forderung, dass er Wiedergutmachung leistet. Dieser dreifache Verzicht bedeutet, dass ich *frei* werde. Der Hauptnutzen des Vergebens für den Vergebenden liegt genau hierin: *Vergeben schenkt mir Freiheit von der Person, die mich verletzt hat.*

Kehren wir zurück zu Susan und Rachel. Susan ist von ihren Eltern, besonders ihrem Vater, sehr verletzt worden. Aber da sie ihnen vergeben und ihre inneren Verletzungen unter die Füße bekommen hat und ihnen nichts mehr vorhält, ist sie frei davon geworden, wie sie sie damals behandelt haben. Wer sie ist und wie sie in ihrem Leben zu sein hat, wird nicht mehr von dem Verhalten ihrer Eltern bestimmt. Mit anderen Worten: *Ihre Eltern haben keine Macht mehr über sie.* Und so hat sie der Mensch werden können, zu dem sie werden wollte: liebevoll, vertrauensvoll, offen und frei.

Rachel dagegen hat das, was ihre Familie und vor allem ihr Vater ihr angetan haben, bis heute nicht losgelassen. Sie trägt es ihnen immer noch nach und redet oft darüber, wie schlimm sie als Kind behandelt wurde. Das Ergebnis ist, dass ihre ganze Lebenseinstellung von dem, was ihre Eltern ihr damals antaten, beherrscht wird. Sie ist wütend auf die Männer, kann niemandem vertrauen und hat all die anderen Probleme, die ich oben erwähnt habe. Und warum? Weil sie ständig den Rucksack ihrer Vergangenheit mit sich herumschleppt, der ihre Gegenwart belastet und vergiftet. *Sie ist noch nicht frei geworden von ihren Eltern und von dem, was diese ihr in ihrer Kindheit angetan haben.*

Rachels Groll prägt ihre ganze Persönlichkeit. Sie verletzt die Menschen, manchmal ohne es selber zu merken. Ihr Groll ist der biblische »Balken« in ihrem Auge (vgl. Matthäus 7,3-5), der sie daran hindert, ihre Mitmenschen richtig zu sehen. Er verzerrt die Art, wie sie sie wahrnimmt, und anschließend reagiert sie auf dieses Zerrbild, als sei es die Realität. Wahrscheinlich sind auch Ihnen schon Menschen wie Rachel begegnet. Sie haben in ihrer Kindheit unter einem bestimmten Menschen zu leiden gehabt, und beschuldigen nun alle Menschen, die sie irgendwie an diese Person erinnern – seien es nun Angehörige einer bestimmten Volksgruppe, eines bestimmten Geschlechts, bestimmte Autoritätspersonen, eine Glaubensrichtung oder was auch immer. Die Weigerung zu vergeben macht uns unfähig, unsere Mitmenschen richtig zu sehen und echte Beziehungen zu ihnen zu haben, weil wir vergangene Schuld und alte Wunden mit in die Gegenwart schleppen. Dies ist die Erklärung dafür, warum ein Mensch, der nachtragend ist, so leicht aus einer Mücke einen Elefanten macht. Da wird ein eigentlich banaler Zwischenfall zu einem Dolchstoß in den Rücken hochgespielt, weil an ihm hundert andere kleine Vergehen kleben, die alle längst vorbei sind, aber nie vergeben oder vergessen wurden.

Bei Susan ist es umgekehrt. Da sie jegliche Gelüste nach Rache und nach Wiedergutmachung durch ihre Eltern fallen gelassen hat, ist ihr Blick klar. Sie sieht jeden neuen Menschen so, wie er ist, und geht entsprechend mit ihm um. Und wenn jemand sie verletzt, setzt sie sich damit auseinander, vergibt und setzt, wenn dies geht, die Beziehung mit dieser Person fort, ohne dass das Gift des Grolls im Wege ist.

Emotional gesehen besteht das Problem mit dem Nachtragen darin, dass man, mal bewusst, mal unbewusst, täglich neue Negativgefühle in sich züchtet, weil man das, was damals geschehen ist, einfach nicht loslässt. Wenn ich etwas gegen jemanden habe, erzeugt dies in mir negative Energien, die echte emotionale, ja, sogar körperliche Folgen haben. Die Forschung hat gezeigt, zu wie viel inneren Wunden und Kämpfen es führt, wenn wir nicht vergeben.

Aber durch Vergeben können wir »die Kette zerbrechen«. Vergeben kappt die Verbindung zwischen meinem Heute und den Altlasten meiner Vergangenheit und lässt meine Gegenwart und Zukunft genau dies sein: Gegenwart und Zukunft – und nicht ein Rattenschwanz der bösen Dinge von gestern und vorgestern, der die Macht hat, das Gute, das ich heute oder morgen haben könnte, zu vergiften.

Kürzlich unterhielt ich mich mit einem Paar, das ein Freund von mir zu mir geschickt hatte, weil die beiden große Beziehungsprobleme hatten. Es machte mich traurig, das Bild, das ich da vor mir sah und das so wunderbar hätte sein können, aber es nicht war. Die beiden hatten liebe Kinder, tolle Berufe und gute Freunde, aber ständig Streit. Der Hauptgrund? Die Frau konnte selbst die kleinsten Dinge nicht vergeben. Jedes Mal, wenn ich einen Anlauf machte, ihnen zu zeigen, wie sie Brücken zueinander bauen konnten, konterte sie gnadenlos mit dem nächsten Beispiel dafür, was ihr Mann alles falsch machte und wie er sie bei der und der Gelegenheit enttäuscht hatte.

Vergeben »zerbricht die Kette«. Es kappt die Verbindung zwischen meinem Heute und den Altlasten der Vergangenheit.

Ich weiß nicht, wie dieses Paar sich noch entwickeln wird, aber eines ist mir klar: Es wird entscheidend davon abhängen, ob die Frau diese absolut wichtige Wahrheit noch lernen wird: Unser Leben hängt an unserer Fähigkeit zu vergeben. Wenn wir das Gute, das Gott uns geben möchte, erleben möchten, müssen wir zuerst das »Böse« und seinen Stachel loslassen. Wir leben nun einmal in einer unvollkommenen Welt mit unvollkommenen Menschen, und schon der gesunde Menschenverstand sagt uns, dass wir dann, wenn wir ein gutes Leben und gute Beziehungen haben wollen, uns damit abfinden müssen, dass früher oder später jeder von unseren Lieben uns wehtun oder enttäuschen wird. Wenn wir mit ihnen Schönes erleben wollen, müssen wir ihnen ihre Schwächen, Sünden und Fehler vergeben. So einfach ist das.

Woody Allen hat einmal gesagt: »Cloquet hasste die Wirklichkeit, aber was wollte er machen? Sie war immer noch der einzige Ort, wo man ein gutes Steak bekam.« Wir mögen versucht sein, diese Welt zu hassen, in der es reale Menschen gibt, die uns verletzen. Aber es ist die einzige Welt, in der wir »das gute Steak« guter Beziehungen bekommen können. Wenn wir diese Beziehungen haben wollen, müssen wir das, was nicht so gut ist, vergeben.

Nicht einfach vergessen

Wenn man mit jemandem über die Notwendigkeit (jawohl: Notwendigkeit) der Vergebung spricht, kommen gewöhnlich zwei Fragen auf. Die erste ist: »Soll das heißen, dass ich das, was dieser Mensch da gemacht hat, einfach vergessen und verdrängen soll?« Absolut nicht! Vergebung verlangt das Gegenteil von Vergessen. Um etwas vergeben zu können, muss es ja da sein; die Schuld muss existieren. Ohne Vergehen keine Vergebung. Ein Vergehen, das ich nicht wahrhaben will, kann ich auch nicht vergeben. Schauen wir uns kurz den Unterschied zwischen *Vergebung, Versöhnung* und *Vertrauen* an.

Vergebung
Viele Menschen, die Probleme mit ihrer Umgebung haben, sind Menschen, die nicht vergeben wollen. Die unverarbeiteten Wunden aus ihrer Vergangenheit vergiften ihre Beziehungen und lassen ihnen das Leben nicht gelingen. Ein einfaches Beispiel ist ein Angestellter, der sich nie mit den Problemen, die er zu Hause mit seinen Eltern hatte, auseinandergesetzt hat und als Folge davon mit niemandem, der Autorität über ihn hat (Chef, Abteilungsleiter etc.), zurechtkommt. Mal ehrlich: Ist wirklich *jeder* Chef ein Tyrann? Wahrscheinlich eher nicht. Diese Menschen übertragen unbewusst die Probleme, die sie mit ihrem Vater oder ihrer Mutter hatten, auf ihren Chef.

Vergeben erfordert, dass ich das Vergehen beim Namen nenne, mich den Gefühlen, die es in mir erzeugt, stelle, über den Schmerz und die Wut offen rede und meine »Trauerarbeit« leiste. Um das Problem verarbeiten zu können, muss ich es ohne Wenn und Aber konfrontieren. Das bedeutet nicht, dass ich den Betreffenden wüst beschimpfe oder Wutanfälle bekomme, sondern schlicht, dass ich mich meinen Gefühlen stelle und sie anschließend durcharbeite. Wir wissen aus der klinischen Praxis, dass es hier nicht so sehr darum geht, »Dampf abzulassen«, sondern seine Wut zu erkennen und ihre Ursachen aufzuarbeiten. Wenn Sie dies nicht tun, werden Sie nie frei von Ihrer Wut, egal, wie oft Sie es versuchen. Wut beseitigt keine Wut, sondern erzeugt nur noch mehr Wut. Ist Ihnen wirklich noch nie ein Mensch begegnet, der chronisch wütend ist? Glauben Sie, dass ein Terrorist irgendwann so viel »Dampf abgelassen« hat, dass er friedlich wird? Das »Ablassen« reicht offenbar nicht; der Knoten muss gelöst werden.

Ähnlich bedeutet Vergeben nicht notwendig Versöhnung oder dass ich der Person wieder vertrauen kann. Es gibt nun einmal Menschen, die nicht vertrauenswürdig sind oder die einfach nicht einsehen, was sie Böses getan haben. Vergeben hat mit der Vergangenheit zu tun, Vertrauen und Versöhnung mit der Zukunft. Vertrauen und Versöhnung sind nicht dasselbe und beide sind wieder etwas anderes als Vergebung. Vergeben kann man jedem, aber wenn ich jemandem vertrauen soll, muss er vertrauenswürdig sein.

Versöhnung

Sie können das, was ein anderer Mensch Ihnen Böses getan hat, immer vergeben, da es zum Vergeben nur eine Person braucht: Sie. Versöhnung dagegen erfordert, dass der andere das, was er Ihnen getan hat, zugibt, um Entschuldigung bittet, den ehrlichen Wunsch nach Erneuerung der Beziehung hat und mit dem Fehlverhalten aufhört. Vergebung ist eine Voraussetzung für Versöhnung und damit ein absoluter Schlüssel für bleibende Beziehungen, aber sie ist keine Garantie für Versöhnung, weil zur Versöhnung der andere sich dem, was er getan hat, stellen und es in Ordnung bringen muss.

Vertrauen

Vertrauen ist noch einmal etwas anderes. Ich kann jemandem das, was er in der Vergangenheit gemacht hat, vergeben, mich mit ihm in der Gegenwart versöhnen und trotzdem vorsichtig sein, wenn es darum geht, ihm in der Zukunft zu vertrauen. Der Grund? Vertrauen ist etwas, das man sich *verdient* bzw. *erarbeitet*. Wir vertrauen unser Herz und unseren Besitz nur solchen Menschen an, die sich als vertrauens*würdig* erwiesen haben. Da kommt es in einer Beziehung zur Versöhnung und man setzt die Beziehung fort, aber man fängt erst allmählich wieder an, dem anderen zu vertrauen, in dem Maße, wie er zeigt, dass er sich wirklich geändert hat. Dies ist in Ehen oft nach einem Seitensprung der Fall. Da vergibt der Mann das Fremdgehen seiner Frau, und die beiden beschließen, einen Neuanfang zu machen, aber zur vollen Wiederherstellung des

Vertrauens ist es nötig, dass die Frau durch ihr verändertes Verhalten zeigt, dass sie anders geworden ist und treu sein kann. Manchmal raten Eheberater in solchen Fällen zu einer vorübergehenden Trennung des Paares, das erst dann wieder zusammenzieht, wenn der »schuldige« Partner gezeigt hat, dass er sich geändert hat.

Vergebung ist nichts für Weicheier. Sie bedeutet nicht, dass man die Augen schließt und tapfer so tut, als ob das Vergehen nicht existiert. Vergebung befreit mich von der Vergangenheit, aber sie fordert mich nicht auf, als Naivling in die Zukunft zu gehen. Wir können unseren Eltern den Missbrauch der Vergangenheit vergeben und trotzdem vorsichtig damit sein, ihnen in der Gegenwart zu vertrauen, solange sie nicht bewiesen haben, dass wir ihnen wertvoll sind.

Warum können wir vergeben?

Verletzungen tun weh. Sie nehmen uns den Wind aus den Segeln und bremsen unsere Lebensenergie. In extremen Fällen können sie uns schier den Lebenswillen nehmen. Woher kommt dann die Kraft, denen, die uns solche tiefen Wunden zugefügt haben, zu vergeben? Woher bekommen wir die Fähigkeit zu vergeben? Ganz einfach daher, dass wir selber Vergebung erfahren haben. Wir sind fähig, anderen zu vergeben, weil Gott uns vergeben hat.

Wir sind fähig, anderen zu vergeben, weil Gott uns vergeben hat.

Wir wollen lieben, weil er uns zuerst geliebt hat. (1. Johannes 4,19)

Gottes Liebe gibt uns die Kraft zu vergeben. Er hat uns buchstäblich »alle unsere Schuld vergeben« (Kolosser 2,13), alles, was wir je an Falschem oder Bösem getan haben oder noch tun werden, und *darum* sind wir in der Lage, unsererseits unseren Mitmenschen zu vergeben. Gottes Liebe macht uns demütig. Wenn Gott, der vollkommen ist, uns nichts vorhält und nachträgt, wie können wir dann anderen Menschen etwas vorhalten oder nachtragen?

> *Seid stattdessen freundlich und mitfühlend zueinander und vergebt euch gegenseitig, wie auch Gott euch durch Christus vergeben hat. (Epheser 4,32)*

Also: Wenn es Ihnen schwerfällt, jemandem zu vergeben, erinnern Sie sich daran, wie Gott Ihnen ergeben hat. Der Maßstab für unser Vergeben, ja, für alles Vergeben, ist Gottes Vergeben. Wie Jesus in der Bergpredigt sagt:

> *Wenn ihr euch aber weigert, anderen zu vergeben, wird euer Vater euch auch nicht vergeben. (Matthäus 6,15)*

Wir machen einen großen Fehler, wenn wir denken, dass wir Gottes Vergebung in Anspruch nehmen können, ohne dass wir selber unseren Mitmenschen vergeben. Das wäre noch nicht einmal gerecht. Gott stellt uns vor eine klare Wahl: »Was willst du haben: Gnade oder Gerechtigkeit? Wenn du für dich selbst Gnade willst, kannst du von deinen Mitmenschen nicht Gerechtigkeit fordern. Wenn du für sie Gerechtigkeit willst, bekommst du selber auch Gerechtigkeit, und das bedeutet, dass du für deine Sünden bezahlen musst, so, wie du von den anderen verlangst, dass sie für ihre Sünden gegen dich bezahlen.« Ich weiß nicht, wie es mit Ihnen ist, aber ich wähle hier lieber die Gnade!

Und als Psychologe kann ich Ihnen versichern, dass der Lauf des Gerechtigkeitsrevolvers, den wir auf andere Menschen richten, sich abrupt drehen und auf uns selber richten kann. Die beiden Dinge gehören oft zusammen. Wenn wir gegenüber unseren Mitmenschen kritisch und nachtragend sind, fällt es uns schwer, Gottes Vergebung zu spüren. Tun Sie sich also etwas Gutes und vergeben Sie! Aber vergessen Sie dabei nicht, dass es Gottes Liebe ist, die Sie dazu befähigt. Lassen Sie sich von seiner Liebe einhüllen, denn dies ist der Gott, den die Bibel uns zeigt:

> *Mit meiner Seele will ich den Herrn loben und das Gute nicht vergessen, das er für mich tut.*
> *Er vergibt mir alle meine Sünden und heilt alle meine Krankheiten. Er kauft mich vom Tode frei und umgibt mich mit Liebe und Güte.*
> *Er macht mein Leben reich und erneuert täglich meine Kraft, dass ich wieder jung wie ein Adler werde.*
> *(Psalm 103,2-5)*

> *Wo ist ein Gott wie du, der die Sünden vergibt und die Missetaten seines Volkes verzeiht? Der nicht für immer an seinem Zorn festhält, sondern der sich freut, wenn er barmherzig sein kann? (Micha 7,18)*

Das ist der Treibstoff, der Motor der Vergebung: die Liebe Gottes. Kennen Sie diese Liebe noch nicht? Dann bitten Sie Gott, sie Ihnen zu zeigen. Tun Sie das jetzt. Jesus bietet uns allen diese Liebe an, und das gratis; wir müssen nur darum bitten. Und wenn Sie darum gebeten haben, dann meditieren Sie darüber, sinnen Sie darüber nach, spüren und schmecken Sie seine Liebe. Das wird Ihnen helfen, ein Mensch zu werden, der vergibt. Und wenn Sie ein Mensch sind, der vergibt, dann werden Sie glücklicher sein. Die Bibel verspricht es uns und die Forschung bestätigt es.

Glückliche Menschen haben eine Berufung

In einer meiner Lieblingsgeschichten, die ich gerne erzähle, geht es um zwei Begegnungen, die ich vor etlichen Jahren innerhalb ungefähr einer Woche hatte. Ich sprach mit einem Mann, der in der Baubranche tätig war, aber gerade daran dachte, »etwas anderes zu machen«. Als ich ihn fragte, warum, sagte er: »Häuser bauen ist etwas völlig Sinnloses, aber ich will, dass meine Arbeit einen Sinn hat. Was mache ich denn in meinem Job? Kaufe ein Stück Land, baue einen Haufen Häuser, verkaufe sie, mache einen Haufen Geld, und dann geht die Geschichte von vorne los. Wo ist denn da der Sinn? Ich hasse meine Arbeit!«

Nicht lange danach sprach ich mit einem anderen Bauunternehmer. Der sagte mir etwas ganz anderes: »Ich liebe meine Arbeit! Ich wüsste nicht, was ich ohne sie machen sollte.«

»Warum ist das so?«, fragte ich.

»Nun, sie macht mein Leben so sinnvoll.«

»Echt?«, fragte ich. »Wie kommt das?« Mein erster Gedanke war: *Ich wollte, Sie würden mal mit Ihrem Kollegen reden,* aber das sagte ich nicht laut. Ich hörte einfach zu und staunte nur so über den Gegensatz zwischen den beiden Männern.

»Also«, sagte er, »es fängt damit an, dass ich vom Hubschrauber aus ein Stück Land inspiziere. Vor meinem inneren Auge sehe ich dann eine Sackgasse mit spielenden Kindern vor mir und ganze Grünzüge mit Spielplätzen, wo sie Fahrrad fahren. Wenn wir dann die Häuser planen und ich mich mit den Architekten unterhalte, achte ich darauf, dass sie so geplant werden, dass genügend große Flächen für das Familienleben drinnen sind. Ich sage den Architekten zum Beispiel: ›Bitte die Küche nicht in irgendeiner Ecke verstecken. Der, der gerade kocht, sollte mitten im Geschehen sein!‹ Dann sehe ich den Kamin vor mir, wo am Weihnachtsmorgen die Strümpfe hängen, in die der Weihnachtsmann die Geschenke getan hat, oder die Treppe, die eines Tages die Tochter des Hauses hinunterkommen wird, in dem festlichen Kleid für den Schulabschlussball, und unten wartet ihr Freund. Wenn ich so daran denke, wie wir Häuser und ganze Viertel bauen, wo Menschen leben und Familien und Freundschaften bauen werden … was könnte sinnvoller sein?«

»Verstehe vollkommen«, sagte ich. Ich glaube, es gelang mir ganz gut, die Feuchtigkeit in meinen Augen zu überspielen. Es war wirklich bewegend, wie dieser Mann mir sein Herz öffnete, der seine ganze Liebe in seine Bauprojekte steckte, und ein Teil von mir musste denken: *Was verpasst nicht dieser andere Mann, der genau denselben Beruf hat, an Sinn in seinem Leben …*

Entdecken Sie Ihre Berufung

Die Wissenschaftler bestätigen uns, dass es in Bezug auf die Einstellung zu dem Beruf, den jemand hat, drei Sorten von Menschen gibt. Die Ersten sehen ihre Arbeit als »Job«, den sie halt für ihren Lebensunterhalt brauchen. Die Zweiten sehen sie als »Karriereleiter«, auf der man so hoch zu klettern hat, wie es geht. Und die Dritten sehen ihre Arbeit als »Berufung«, also als etwas, mit dem sie zu einem höheren Gut beitragen und das nicht durch seinen Profit, sondern bereits in sich selber einen Wert hat.[19]

Was meinen Sie: Welche dieser drei Positionen ist wohl die, die am meisten Erfüllung und Glück schenkt? Ganz offensichtlich die dritte, wo das, was ich tue, einen Sinn in sich hat und mir Freude macht. Wenn Ihre Aktivitäten zu »Flow-Erlebnissen« führen, steigt der Glücksfaktor noch. Denken Sie einmal darüber nach, wie erfüllend es ist, etwas zu tun, das Sie gerne tun, das Sie können und das äußerlich und innerlich befriedigend ist. Aber das bringt uns zu einer Frage: Wo kommt diese Berufung denn her?

Wissen, wer Sie als Person sind

Ihre Berufung kommt erstens daher, wer Sie als Person sind. Wenn wir die beiden Bauunternehmer oben miteinander vergleichen, dann machten sie, rein äußerlich betrachtet, genau dasselbe. Aber »innen« sah die Geschichte anders aus. Der erste war ein Mann, der distanziert und kein großer Beziehungstyp war und der seinen Beruf vor allem wegen des Geldes ausübte (was, wie wir bereits sahen, nicht glücklich macht). Der zweite war ganz anders. Er war ein beziehungsorientierter, ja, liebevoller Mensch, der alles, was er tat, vor dem Hintergrund dessen sah, was es für die Menschen bedeuteten würde, die einmal in »seinen« Häusern wohnen würden. Ihm ging es darum, Heimstätten zu schaffen, in denen Liebe wachsen konnte.

Wenn Sie die Art Mensch sind, der von transzendenten Werten motiviert ist und dem die bleibenden, nicht materiellen Dinge im Leben wichtig sind, ist die Wahrscheinlichkeit relativ groß, dass Sie alles, was Sie tun (ob beruflich oder nicht beruflich), als etwas sehen, das mehr ist als bloß ein »Job«. Es ist ein Dienst, weil Sie die Persönlichkeit eines Dieners haben.

Erkennen, dass Ihre Talente Gaben Gottes sind

Zweitens kommt Ihre Berufung daher, dass Sie erkennen, dass Ihr Leben und Ihre Talente Gaben Gottes sind. Sie begreifen, dass er Ihnen diese Gaben aus zwei Gründen gegeben hat: einmal, um sie selber zu genießen, aber auch, um mit ihnen der Menschheit und Gottes Zielen zu dienen. Wie es in der Bibel heißt:

> *Denn wir sind Gottes Schöpfung. Er hat uns in Christus Jesus neu geschaffen, damit wir zu guten Taten fähig sind, wie er es für unser Leben schon immer vorgesehen hat. (Epheser 2,10)*

Wenn Sie Ihre Fähigkeiten nur danach beurteilen, wie viel Geld Sie damit machen oder wie hoch Sie mit ihnen »aufsteigen« können, werden Sie nicht nur ein unerfülltes Leben bekommen, sondern Sie werden den Kern der biblischen Schöpfungsgeschichte verpassen. Gott hat nämlich alle Menschen (und nicht nur Pastoren und Missionare) dazu erschaffen, auf diesem Planeten sein Werk zu tun, für ihn zu arbeiten. Wenn ich höre, wie jemand seinem Pastor sagt, was für ein toller »Diener des Herrn« er (der Pastor) ist, zucke ich jedes Mal innerlich etwas zusammen. Ich habe den größten Respekt vor Christen, die im vollzeitlichen Dienst stehen; sie bringen viele Opfer und tun uns allen viel Gutes. Aber Tatsache ist, dass *jeder* Christ sich als »Diener des Herrn« betrachten sollte.

Gott setzte die Menschen auf die Erde und gab ihnen Gaben. Die Gabe, Häuser zu bauen, in denen ihre Kinder wohnen können. Die Gabe, Pflanzen anzubauen, die wir essen können, und die Gabe, Transportunternehmen zu gründen, die dieses Gemüse zu den Läden fahren, wo wir sie kaufen können. Dann die Gabe, diese Läden zu bauen, nicht zu vergessen die Straßen, auf denen man zu diesen Läden kommt, und die Autos, in denen wir dabei fahren. Vergessen wir auch nicht die Person, die die Kassiererin im Scannen unserer Waren und im Empfang unseres Geldes geschult hat, sowie die Bank, die unsere Kreditkarte verwaltet. Es braucht ganz bestimmte Gaben, um ein Bankangestellter zu werden, und wieder andere Gaben, um die Lampe auf seinem Schreibtisch herzustellen. Und haben Sie schon einmal an die Polizei gedacht, die dafür sorgt, dass Ihre Bank nicht überfallen wird und Sie sicher zu Ihrem Geldautomaten gehen können? Sie alle beschützen Gottes Kinder. Ich könnte hier noch weitermachen, aber Sie verstehen schon: Wir alle haben von Gott die Aufgabe bekommen, für unsere Welt zu sorgen und sie zu einem Ort zu machen, wo Menschen leben, gedeihen und lieben können.

Wenn wir verstehen, dass Gott eine Erde erschaffen hat, die verwaltet werden muss, und dass er uns an unseren Platz gestellt hat, um dabei zu helfen, dann begreifen wir, dass wir alle, egal, was wir tun, »im Dienst des Herrn« stehen. Damit aber bekommt das, was wir machen, eine viel größere Bedeutung. Wie die Bibel es ausdrückt:

> *Tut eure Arbeit mit Eifer und Freude, als würdet ihr Gott dienen und nicht Menschen. (Kolosser 3,23)*

Wenn wir erkennen, dass wir für Gott arbeiten, wird jede Aufgabe sinnvoll und bedeutsam. Wir sind Verwalter der Gaben Gottes und jeder von uns hat eine Berufung.

Martin Seligman berichtet, wie er einen Freund, der nach einem Unfall im Koma lag, im Krankenhaus besuchte. Dabei sah er, wie ein Pfleger, der gerade die Bettpfanne entsorgt hatte, anfing, die Bilder an der Wand neu zu ordnen. Anstelle eines Kalenders hängte er einen Druck des Malers Monet auf, den er

> Wenn wir erkennen, dass wir für Gott arbeiten, wird jede Aufgabe sinnvoll und bedeutsam.

in einer Einkaufstasche mitgebracht hatte. Nachdem er ihn eine Weile beobachtet hatte, fragte Seligman ihn, was er da mache. »Meine Arbeit – ich bin auf dieser Station Krankenpfleger«, erwiderte der Mann. »Ich bringe jede Woche neue Drucke und Fotos hierher. Sehen Sie, ich bin mitverantwortlich für die Gesundheit all dieser Patienten. Nehmen Sie Mr Miller hier. Er ist seit dem Tag, an dem man ihn hierher gebracht hat, nicht aufgewacht. Aber wenn er aufwacht, möchte ich sicher sein, dass er sofort wunderschöne Dinge sieht.«[20]

Es ist für mich überdeutlich, dass dieser Pfleger nicht bloß einen Job machte. Er hatte eine Berufung, ja, ich würde sagen, dass er ein sehr realer Diener Gottes war. Und er war ungleich erfüllter als viele, viele Topmanager, die ihre Arbeit eigentlich hassen und ihr »Glück« darin suchen, in ihrer Firma noch höher zu klettern oder ihr Gehaltskonto mit noch satteren Boni zu füllen.

Die Menschen im Blick haben, denen Ihre Gaben zugutekommen

Unsere Berufung kommt drittens aus der Erkenntnis, dass es bei all unserem Tun um die Menschen geht, mit denen wir zu tun haben. Wir sind alle Dienstleistende, egal, was wir gerade machen. Nach der großen Wall-Street-Krise von 2008–2009 arbeitete ich mit vielen Personen aus diversen Firmen im Bank-, Versicherungs-, Immobilien- und Finanzsektor. Diese Branchen gingen damals durch sehr schwierige Zeiten, und sie taten mir wirklich leid, die Leute, die sich beruflich um das angelegte Geld anderer Leute kümmern mussten.

Aber als ich damals mit Hunderten von Menschen aus diesen Branchen sprach und vor Tausenden meine Vorträge hielt und ihr Feedback bekam, sah ich bald einen roten Faden: Diejenigen, die sich vergleichsweise gut schlugen, waren die, die ihren Beruf als Aufgabe und Dienst an ihren Kunden sahen und nicht einfach als Job am »Markt« oder im Investment-Sektor. Diejenigen, die selbst in den dunkelsten Tagen Sinn und Motivation fanden, waren die, die sich Seite an Seite mit den Menschen und Familien sahen, die sich Sorgen um ihre Rente, das Studium ihrer Kinder, ihr Haus oder die Rechnungen vom nächsten Monat machten. Sie sahen sich nicht einfach als Banker, Wirtschaftsprüfer oder Vermögensberater, sondern als Lebensberater und Sozialarbeiter. Sie waren da, um ihren Kunden zu helfen, den Sturm zu überstehen, und ihnen Unterstützung, Hoffnung und Mut zu geben. In dieser Tätigkeit fanden sie Sinn und Erfüllung, auch wenn ihre eigenen Aktienpakete ebenfalls in den Keller gestürzt waren. Wie einer von ihnen mir sagte: »Meine Arbeit hat jeden Tag einen Sinn, weil ich weiß, dass ich den Menschen wirklich helfe.« Für mich ist das der Satz eines Menschen, der ein Diener Gottes ist. Jawohl, auch das Verwalten von Aktien oder Immobilien oder von der privaten Altersvorsorge ist eine Berufung.

Die Gaben einsetzen, die Gott Ihnen gegeben hat

Viertens hat Ihre Berufung damit zu tun, dass Sie die Welt als einen Ort sehen, wo Gott jedem Gaben gegeben hat, und dass Sie die Gaben erkennen und einsetzen, die er *Ihnen* gegeben hat. Wenn Sie (wie die Bibel sagt und die Forschung bestätigt) glauben, dass jeder Mensch seine Talente und Stärken hat, werden Sie alles daransetzen, *Ihre* Stärken herauszufinden und einzusetzen. Wenn Sie glauben, dass Gott Ihnen ganz bestimmte Fähigkeiten gegeben hat, dann muss es in Ihrem Leben darum gehen, diese Fähigkeiten, Gaben und Leidenschaften zu entdecken und so einzusetzen, dass sie echte Früchte tragen.

Wenn Sie herausgefunden haben, was Sie wirklich können, ändert sich Ihr Leben; Sie werden gleichsam lebendiger, denn jetzt wollen Sie Ihre Gaben und Fähigkeiten sinnvoll nutzen. Sie merken auch, dass diese Gaben kein Zufall sind, dass es

Gott ist, der Sie so gemacht hat. Eine frischgebackene Mutter sagte mir einmal: »Ich habe den Eindruck, dass ich endlich das mache, wozu ich hier auf der Erde bin.« Sie wusste, dass ihre Berufung die Mutterschaft war, sie sah das große Bild und spürte, wie es lebendig wurde.

Mit meinen Gaben anderen dienen

Wenn wir von »Berufung« reden, ist es wichtig zu sehen, dass dies mehr ist als die Arbeit, mit der wir uns unser Brot verdienen. Berufung – das hat damit zu tun, dass ich meine Gaben und Leidenschaften benutze, um Gutes zu tun. Dies kann in meinem Beruf geschehen, aber auch in meiner Freizeit. Als ich Student war, entdeckte ich, dass meine Neigungen in den Bereichen Psychologie, Theologie und Lebenshilfe lagen. Also fing ich an, ehrenamtlich mit Jugendlichen und Pflegekindern zu arbeiten. Ich bekam kein Geld dafür, aber ich konnte Kindern und Jugendlichen in allen möglichen Situationen mit Rat und Tat zur Seite stehen. Ich weiß noch gut, wie lebendig ich mich damals fühlte. Heute weiß ich, dass dies daran lag, dass ich meine Berufung gefunden hatte. Ich tat das, wozu ich erschaffen war. Nicht, weil es Geld brachte, sondern weil es das Richtige für mich war. Als ich dann später doch mein Geld damit verdiente, half das Geld mir, meine Brötchen zu verdienen, aber die Freude und Erfüllung waren genauso wie damals, als ich diese Dinge ohne Bezahlung getan hatte.

Berufung – das hat damit zu tun, dass ich meine Gaben und Leidenschaften benutze, um Gutes zu tun.

Auch heute, wo ich längst Berufspsychologe bin, bin ich noch ehrenamtlich tätig; oft bringe ich mich spontan in eine Situation ein, um zu sehen, ob ich mit meinem Wissen helfen kann. So bin ich nun einmal, beruflich oder nicht. Wenn Sie ein ausgebildeter Sänger sind, treten Sie in Konzerten auf und bekommen Ihre Gage, aber sehr wahrscheinlich singen Sie auch, wenn Sie allein im Auto sitzen und fahren. Das Singen ist halt Ihre Leidenschaft. Wenn ich dagegen gerade einen Freund besuche und der Wasserhahn plötzlich nicht mehr funktioniert, bin ich definitiv nicht der Mann, der helfen kann. Es ist besser für meinen Freund, wenn ich es gar nicht erst versuche, es sei denn, er möchte sein Haus unter Wasser gesetzt haben. Unsere Gaben sind verschieden.

Wenn jemand eine Berufung spürt (manchmal auch mehrere Berufungen), hat er das Gefühl, dass er diese Sache einfach tun muss und sie nicht lassen kann. Meine Eltern hatten ein großes Herz für die Armen. Sie hatten viele Jahre ihren Beruf, aber einen großen Teil ihrer Freizeit verbrachten sie damit, Menschen, die ihr Haus nicht verlassen konnten, Essen auf Rädern zu bringen, armen Grundschülern Nachhilfeunterricht zu geben oder für die Heilsarmee tätig zu sein. Ihre Berufung war es, anderen zu helfen, auch wenn es nicht ihr Beruf war. Manchmal sind Beruf und Berufung nicht dasselbe. Der Apostel Paulus hatte die Berufung, den Menschen das Evangelium von Jesus Christus zu bringen, und er schrieb einen guten Teil des Neuen Testaments, aber sein Geld verdiente er als Zeltmacher. Die Frage ist nicht immer, ob Ihr Beruf auch Ihre Berufung ist, aber immer sollten Sie sich fragen: *Was ist meine Berufung?*

Gerade ist die Spielsaison im Fußball zu Ende gegangen. Es war ein tolles Erlebnis für mich zuzuschauen, wie meine Töchter spielten. Aber ich gehe nur als Zuschauer zu den Spielen, nicht als Trainer, und dies aus zwei Gründen: Erstens kenne ich mich mit Fußball nicht aus. Ich bin in Mississippi aufgewachsen, wo man Football (Rugby) spielt, aber nicht Fußball. Und der zweite Grund ist, dass meine Mädchen schon einen *richtigen* Trainer hatten. Für ihn ist es eine Berufung, aus Kindern Sportler zu machen. Man sieht das richtig, wenn man ihm in den Trainingsstunden zuschaut. Er macht das mit dem gleichen Ernst, wie wenn er eine Bundesliga-Mannschaft trainieren würde und nicht kleine Mädchen, die manchmal nicht richtig wissen, in welche Richtung sie den Ball treten sollen. Er folgt seiner Berufung, Kindern zu helfen, und er hilft ihnen wirklich. Meine Töchter lieben das Spiel und sie lieben ihn und entsprechend wachsen und lernen sie. Ich weiß nicht, was dieser Mann beruflich macht, aber ich bin sicher, dass für ihn die Samstage die Höhepunkte der Woche sind. Er ist mit Leib und Seele dabei und ganz offensichtlich sehr glücklich.

Die Bibel und die Wissenschaft sind sich einig: Öffnen Sie die Schatztruhe Ihres Herzens und finden Sie darin das, was Ihrem Leben Sinn gibt. Was es auch ist, Sie werden damit auf irgendeine Weise die Welt zu einem besseren Ort machen und dazu Ihre Talente einsetzen. Wenn Sie das tun, werden Sie ein erfolgreicher Schmied Ihres Glücks sein.

Glückliche Menschen haben Glauben

Ich habe liebe Erinnerungen an meinen Vater, der vor wenigen Jahren im hohen Alter von 94 Jahren verstarb. Als ich geboren wurde, war er schon relativ alt, sodass ich der Nutznießer der Lektion wurde, die er in seinen frühen Vierzigern, als ich noch gar nicht da war, über das Glücklichsein lernte. Seine optimistische Einstellung zeigte sich deutlich, als ich alt genug war, um mir auszurechnen, dass ich wahrscheinlich ein »Unfall« gewesen war, und meinen Vater eines Tages fragte: »Du, Papa, ihr hattet mich nicht geplant, oder?«

Er grinste mich an und sagte: »Sagen wir mal, wir haben immer versucht, das Beste aus unseren Fehlern zu machen.« Ich muss heute noch lachen, wenn ich an die Szene zurückdenke.

Und das war nicht das einzige Mal, dass ich mit meinem Vater lachen konnte. Er lachte viel. Wenn Sie meinen Vater gekannt hätten und ihn hätten beschreiben sollen, hätten Sie sehr wahrscheinlich lauter Wörter benutzt, die mit dem Wort »glücklich« verwandt sind. Meistens beschrieben die Leute ihn als »lustig und fröhlich; er war immer am Lachen und machte Witze«. Ja, so war mein Vater.

Aber wie er mir erzählte war er nicht immer so gewesen. Wenn wir uns an die »Mathematik des Glücks« im ersten Kapitel erinnern, wurde er wahrscheinlich mit den 50 Prozent »konstitutionellem Glücklichsein« geboren, und die 10 Prozent äußeren Umstände waren mal so, mal so, wie bei uns auch. Aber an einem ganz bestimmten Punkt in seinem Leben fing er an, mit den übrigen 40 Prozent, die ich im dritten Kapitel genauer beschrieben habe, Ernst zu machen, und das dürfte der Schlüssel zu seiner fröhlichen Einstellung und auch zu seinem langen Leben gewesen sein. Sie erinnern sich: Die große gute Nachricht aus der Glücksforschung ist, dass Genetik und äußere Umstände zwar ihre Rolle für unser Glücklichsein spielen, aber dass die restlichen 40 Prozent, die unser Glücklichsein ausmachen, aus Dingen kommen, die wir direkt kontrollieren können: unserem Verhalten, unserem Denken und unseren bewussten Gewohnheiten und Praktiken. Das sind die Dinge, die wir »absichtlich« machen. Ob ich im Leben glücklich werde oder nicht, hat damit zu tun, auf was ich meine Aufmerksamkeit richte und in was ich meine Energien investiere; dies sind Faktoren, die ich, und nur ich, unter Kontrolle habe.

Es kam also der Tag, wo mein Vater diese 40 Prozent bewusst in Angriff nahm, und das veränderte, wie er immer sagte, sein ganzes Leben. Er berichtete mir, wie er Anfang vierzig eine Schlüsselentscheidung traf, die ihn von dem Stress und den Sorgen, die dabei waren, ihn umzubringen, gründlich befreite. Mein Vater hatte seine eigene Firma gegründet, und sie wuchs und erreichte schließlich eine Größe, die seine Gesundheit gefährdete. Die Erschließung neuer Geschäftsbereiche, die Führung der Mitarbeiter und das ganze Management wurden immer stressiger. Mein Vater war am Rande seiner Kräfte angekommen und Techniken zur positiven Stressbewältigung hatte er damals noch nicht erlernt. Zwei der allergrößten Stressfaktoren waren ein Übergewicht von an die 80 Pfund und die, wie er es nannte, »ständigen Sorgen«.

Als er mit meiner Mutter im Kino war, brach er mitten in der Vorführung zusammen. Man fuhr den Bewusstlosen ins nächste Krankenhaus, wo sie ihn auf den Kopf stellten. Die Diagnose: »Ihr Herz ist kaputt, Sie haben vielleicht nur noch ein halbes Jahr zu leben. Gehen Sie nach Hause und regeln Sie, was zu regeln ist.«

Damit wollte mein Vater sich nicht zufriedengeben. Er ging in eine größere Klinik in New Orleans, 300 Kilometer entfernt, um zu sehen, was die Ärzte dort sagen würden. Sie sagten ihm, dass er einen totalen Zusammenbruch gehabt hatte, der auf das Konto von Stress, Übergewicht, zu hohem Blutdruck und noch ein paar anderen Dingen ging, aber dass sein Herz in Ordnung war. Ihr Rat lautete nicht: »Gehen Sie nach Hause, um zu sterben«, sondern: »Gehen Sie nach Hause und fangen Sie endlich an, sich Ihres Lebens zu freuen.« Mit anderen Worten: Er war total überarbeitet und gestresst, und wenn er sein Leben nicht änderte, würde ihn dies eines Tages umbringen. Aber es gab eine Lösung: »Reduzieren Sie den Stress und legen Sie sich ein Hobby zu.« Und das war genau das, was ihn vollständig gesund werden ließ. Er wurde seine 80 Pfund los, fing ein neues Hobby an, das ihm großen Spaß machte, und lebte noch einmal gute fünfzig Jahre – *glückliche* Jahre. Ein toller Vater war er auch. Große Preisfrage: Wie hat mein Vater das gemacht?

Nun, er erzählte mir, dass er Bilanz zog und erkannte, dass ihm seine Firma über den Kopf gewachsen war und dass er sich schier zu Tode sorgte. Und so fing er ganz bewusst mit einer neuen Gewohnheit an. Am Ende jedes Arbeitstages sagte er zu Gott: »Gott, ich lege das jetzt alles in deine Hand. Das ist *dein* Problem. Morgen werde ich es mir wieder vornehmen, aber bis dahin liegt es in deinen Händen.« Und dann ging er nach Hause – und dachte für den Rest des Tages nicht mehr an seine beruflichen Probleme, denn die waren ja jetzt bei Gott.

Zu Hause angekommen, setzte er sich in seinen Lieblingssessel, betete und las seine Bibel, vielleicht eine halbe Stunde lang. Diese Gewohnheit machte ihm Gottes Verheißungen größer, ließ ihn Gottes Frieden erfahren und »nahm den ganzen Stress und die Sorgen weg«. Von seinem Glauben an Gott geleitet, fing er auch an, die anderen in diesem Buch beschriebenen Glücksstrategien zu praktizieren. Das alles gründete in seinem festen Vertrauen auf seinen himmlischen Vater, den er liebte. Ich weiß noch gut, wie er, wenn es Probleme gab, immer wieder sagte: »Ich weiß nicht, wie das werden wird oder was ich machen soll, aber Gott weiß es.«

Als ich Anfang zwanzig war und selber in meinem Leben »auf der Nase lag«, sollte ich die gleiche Lektion lernen. Ich lernte damals dasselbe wie mein Vater: Wenn das Leben uns über den Kopf wächst und wir ratlos dastehen, haben wir einen Gott, der nie ratlos ist.

Beziehung ist der Schlüssel

Es gibt ein »Gesetz«, das darüber entscheidet, ob Gottes Existenz unser Leben verändert oder nicht. Gott war immer schon für meinen Vater da gewesen, aber erst nach seinem Zusammenbruch in dem Kino erkannte mein Vater, wie aus dieser Tatsache, dass Gott »da war«, etwas Konkretes für sein Leben werden konnte. Und auch ich selber lernte erst, als ich auf der Nase lag, dieses »Gesetz«, das in der Beziehung zwischen Gott und mir alles verändert. Die Bibel nennt dieses Gesetz »Glaube«.

> Solange wir keine Beziehung zu Gott haben, sind wir nicht mit ihm verbunden und haben nichts von dem Nutzen, den diese Beziehung bringt.

Gott ist grundsätzlich immer da, aber solange ich keine Beziehung zu ihm habe, bin ich nicht mit ihm verbunden und habe folglich auch nichts von dem Nutzen, den diese Beziehung bringt. Doch wenn ich bewusst die Beziehung zu Gott suche – die Bibel nennt dies an ihn »glauben« –, dann geschehen viele, viele Dinge, die mein Leben, meine Gesundheit, mein Wohlergehen und, ja, mein Glück tief beeinflussen.

Wieder und wieder zeigt die Forschung, dass Menschen, die einen aktiven Glauben an Gott haben, gesundheitlich und emotional davon profitieren. Die Glücksforscherin Sonja Lyubomirsky schreibt, dass religiöse Menschen »glücklicher und gesünder sind und sich besser von Traumata erholen als nicht religiöse Menschen«.[21] So wurden in einer Studie Eltern, die ihr Kleinkind durch den plötzlichen Kindstod verloren hatten, 18 Monate lang begleitet. Dabei zeigte sich, dass Eltern, die regelmäßig zur Kirche gingen und angaben, dass ihr Glaube wichtig für sie war, besser mit der Situation zurechtkamen, weniger depressiv waren und sich allgemein besser fühlten als nicht religiöse Eltern.[22]

Noch zahlreiche andere Studien belegen eine positive Beziehung zwischen Glauben und Gesundheit, ja, sogar Lebenserwartung. Eine Studie zeigte, dass »aktive Kirchenmitglieder eine bis zu sieben Jahre höhere Lebenserwartung hatten als Menschen, die nicht Glied in einer Kirche waren«.[23] Der christliche Glaube und die Gewohnheit, Gott als Partner in der Bewältigung des Lebens zu sehen, sind nachweislich wirksam gegen Depressionen und senken die Selbstmordrate.[24] Die Liste ließe sich noch lange fortsetzen, aber die Botschaft ist deutlich: Es tut uns gut, wenn wir ein Glaubensleben mit Gott führen.

Sich auf Gott einlassen

Aber dies ist eben der Schlüssel: dass wir uns aktiv auf Gott einlassen. Ich meine damit nicht, dass Sie brav irgendwelche religiösen Rituale abspulen, sondern dass Sie sich in Ihrem Herzen für Gott öffnen. Mein Vater sah die Praxis, jeden Tag seinen Stress an Gott abzugeben und die Bibel zu lesen, nicht als religiöse Pflichtübung an. Für ihn war das mehr wie Atmen oder Essen. Sein ganzes Herz war beteiligt, wenn er Gott sein Leben anvertraute.

Vertrauen lernen

»Glaube« im Sinne der Bibel ist eigentlich nur ein anderes Wort für »Vertrauen«. Es bedeutet, dass wir in den Dingen, die unser Leben besser machen, mit Gott rechnen und von ihm abhängig sind und damit unser Glück vermehren. Jesus hat gesagt, dass er uns dann, wenn wir zu ihm kommen, »das Leben in ganzer Fülle« schenkt (Johannes 10,10). Und schon Mose sagte, dass es uns dann, wenn wir Gott folgen, »alle Tage gut geht« (5. Mose 6,24). Das hebräische Wort, das in unserer Bibel mit »gut« oder »gut gehen«, »gedeihen« übersetzt wird, bedeutet »gut« in einem sehr großen, umfassenden Sinn: »bestens«, »reichlich«, »fröhlich«, »vergnügt«, »wohl«, »kostbar« usw. – lauter Worte, die für Glück und Wohlergehen stehen.

Aber genauso, wie man eine Lampe an die Steckdose anschließen muss, damit sie leuchtet, müssen wir uns an Gott »anschließen« und unseren Glauben an ihn in einer Beziehung des Vertrauens Gestalt gewinnen lassen, wie mein Vater das damals lernte. An Gott geglaubt hatte er schon, bevor er ihm zu vertrauen begann, aber erst, als er anfing, sich jeden Tag neu ganz auf Gott zu verlassen, erlebte er das, wovon Mose damals sprach. Vertrauen ist mehr als bloßer Kopfglaube.

An Gott geglaubt hatte mein Vater schon, bevor er anfing, ihm zu vertrauen.

Aber wie macht man das – Gott vertrauen? Nun, das Erstaunliche am Glauben ist, dass es so etwas Einfaches ist, dass selbst ein Kind, ja, ein Kleinkind das tun kann. David sagt in einem seiner Psalmen von Gott: Du hast »mich gelehrt, dir zu vertrauen, als ich noch ein kleines Kind war« (Psalm 22,10).

So, wie ein kleines Kind ganz von der Liebe und Geborgenheit abhängig ist, die seine Mutter ihm gibt, sind wir von Gott abhängig. Reden Sie mit ihm; sagen Sie ihm, dass Sie ihn besser kennenlernen wollen. Wenn Sie im Leben kämpfen müssen oder Stress erleben, wie damals mein Vater, sagen Sie das Gott und bitten Sie ihn, Ihnen zu helfen. Bleiben Sie den ganzen Tag hindurch im Gespräch mit Gott, und wo Sie etwas nicht verstehen, da vertrauen Sie ihm.

Vielleicht haben Sie bis jetzt noch nie daran gedacht, eine Beziehung zu Gott zu beginnen; vielleicht ist es heute das erste Mal. Dann schauen Sie sich an, wie Jesus den Start dieser Beziehung beschrieben hat:

> *Ich versichere dir: Wenn jemand nicht von Neuem geboren wird, kann er das Reich Gottes nicht sehen. (Johannes 3,3)*

So, wie Ihr körperliches Leben einmal angefangen hat, hat auch Ihr Leben mit Gott einen Anfang. Jesus sagt, dass es damit beginnt, dass Sie bewusst glauben, dass er (Jesus) Gott ist und dass er auf die Erde gekommen ist, um uns zu zeigen, wie Gott ist und wie wir dann, wenn wir an ihn glauben, die Vergebung unserer Sünden bekommen und die innere Gesundheit, die die moderne psychologische Forschung beschreibt. Beginnen Sie also mit diesem einfachen Schritt, und erleben Sie selber, dass das, was Jesus gesagt hat, stimmt – dass dann, wenn Sie ihn suchen, Sie ihn (und noch eine Menge dazu) finden werden.

Auf Vertrauen gebaut

Was haben Sie von einer Beziehung zu Gott, die auf Vertrauen gründet? Hier einige Beispiele:

- Gott wird in Ihrem Leben gegenwärtig sein.
- Er wird Ihnen zeigen, wie Sie wirklich sind und was Sie besser machen können.
- Er wird Ihnen die Fähigkeit geben, das zu tun, was Sie tun müssen.
- Er wird Sie dort, wo Sie es brauchen, führen und Ihnen den richtigen Weg zeigen.
- Er wird Ihnen helfen, aus Ihren »Problemen« herauszuwachsen.
- Er wird Ihnen mehr Selbstbeherrschung schenken.
- Er wird Ihnen Rat geben, wenn Sie selber keinen wissen.
- Er wird Sie über das Leben aufklären und Ihnen die Wahrheit zeigen.
- Er wird Sie durch Ihr ganzes Leben begleiten und Ihnen immer den nächsten Schritt zeigen.
- Er wird Ihnen eine Liebe und ein Vergeben schenken, die nie weggehen.
- Er wird Sie heilen.
- Er wird Ihnen Gelegenheiten schenken und Türen öffnen, wenn Sie dies brauchen.
- Er wird Ihnen helfen, liebevoller, hoffnungsvoller, zuversichtlicher und mutiger zu werden.
- Er wird Ihren Charakter formen.
- Er wird für Sie sorgen und Ihre Sorgen und Ängste wegnehmen.
- Er wird Sie trösten, wenn Sie durch Leiden und Verlust gehen.
- Er wird Sie zu Menschen führen, die Sie lieben.

Ich könnte diese Liste noch lange fortsetzen. Aber wahrscheinlich haben Sie es schon erlebt, wie andere Christen erzählt haben, wie Jesus ihr Leben greifbar verändert hat. Nein, ich meine nicht irgendwelche frommen Spinner, sondern Menschen aus

Ihrem Bekanntenkreis, die Ihnen berichten können, dass Gott eine Realität ist und dass ihr Leben anders geworden ist, seit sie diese Beziehung zu ihm haben. Aber, wie schon gesagt, Sie werden all diese Dinge, die Ihnen eine echte Gottesbeziehung gibt, nur dann erleben, wenn Sie diesen einfachen Glaubensschritt tun und zu Jesus aufschauen und ihm sagen: »Ich glaube. Ich möchte dir vertrauen. Zeige mir den nächsten Schritt.«

Was das Leben wirklich sinnvoll macht

Die obige Liste ist noch nicht alles. Neben all diesen Dingen, die wir sozusagen in den Niederungen des Alltags erfahren, gibt uns eine Beziehung zu Gott noch etwas Größeres: ein Leben, das echt einen *Sinn* hat. Wir können frohgemut und glücklich vom einen Tag zum nächsten gehen, weil wir richtig leben, und wir können unsere Gaben und Talente in den Dienst von Zielen stellen, die uns Befriedigung geben, aber ohne ein höheres Ziel und einen tieferen Sinn machen wir immer noch nicht das aus unserem Leben, was Gott für uns gedacht hat. Wie Martin Seligman schreibt:

Das »angenehme Leben«, habe ich ausgeführt, erschöpft sich in einem erfolgreichen Streben nach positiven Gefühlen und wird unterstützt durch bestimmte Geschicklichkeiten, die diese Gefühle noch verstärken. Dagegen geht es in einem »guten Leben« nicht darum, positive Emotionen zu maximieren, sondern es ist ein Leben, das dem Einsatz Ihrer Signaturstärken gewidmet ist, um möglichst viele und authentische Belohnungen zu erlangen. Das »sinnvolle Leben« hat noch ein zusätzliches Kennzeichen: den Einsatz Ihrer Signaturstärken im Dienst von etwas, das größer ist als Sie. Wer auf allen drei Ebenen sein lustvolles, gehaltvolles und sinnvolles Leben führt, der führt ein erfülltes Leben.[25]

Der Glaube an Gott verbindet uns mit dem höchsten Sinn. Wenn wir Gott kennen, erkennen wir, dass alles im Leben einen Sinn und eine Bedeutung hat und dass wir für etwas viel Größeres auf diesem Planeten sind als für das, was in unserem Alltag passiert. Wir sind ein Teil der Geschichte und der Ziele Gottes – Ziele, die sehr wahrscheinlich weit jenseits der unseren liegen. Und wir erkennen auch, dass unser Alltag einen viel tieferen Sinn hat, als wir uns je vorstellen konnten.

Sinn in unseren Kämpfen

Selbst unsere Kämpfe haben einen Sinn. Gott versichert uns, dass er sie dazu benutzen kann, uns zu besseren Menschen zu machen, und dass er selbst aus den schlimmsten Katastrophen unseres Lebens Gutes hervorbringen kann:

> *Und wir wissen, dass für die, die Gott lieben und nach seinem Willen zu ihm gehören, alles zum Guten führt. (Römer 8,28)*

Menschen, die Gott vertrauen, wissen, dass dann, wenn es im Leben anders geht, als sie geplant hatten, Gott ganz bestimmt etwas mit ihnen vorhat. Christen wissen: Wenn sie irgend etwas verlieren, *ist nicht alles verloren.* Gott hat einen guten Plan mit unserem Leben, und unser Morgen hat einen Sinn, der in unser Heute hineinreicht. *Nichts ist sinnlos* – diese Wahrheit gibt uns die nötige Kraft, uns voll einzubringen in alles, was wir tun, egal, wie das Resultat aussieht. *Das* ist ein volles Leben, ein Leben mit vollem Engagement, selbst wenn der Weg einmal rau wird.

Sie finden es schwer, in dem, was in Ihrem Leben gerade geschieht, einen Sinn zu finden? Ein Leben für Gott hat immer einen Sinn. Paulus hat es so ausgedrückt:

Doch alles, was auch immer ihr tut oder sagt, soll im Namen von Jesus, dem Herrn, geschehen, durch den ihr Gott, dem Vater, danken sollt!
Tut eure Arbeit mit Eifer und Freude, als würdet ihr Gott dienen und nicht Menschen. (Kolosser 3,17.23)

Sinn in unserem Dienst

Auch die scheinbar langweilige Arbeit, die Sie tun, hat ihren Sinn, denn mit ihr dienen Sie den Menschen, und auch dies gehört zu Gottes Plan. Jeder Handgriff, den Sie für Ihre Familie tun, hat einen Sinn, denn *Sie* sind Gottes Arme und Hände, die für Ihre Lieben sorgen. Und dann, wenn Sie Ihre Gaben und Fähigkeiten in den Dienst am Nächsten stellen und sich, in welcher Form auch immer, für Gottes Werk zur Verfügung stellen, weben Sie mit an dem Sinnteppich des Lebens. Es gibt einen Grund, warum meiner Tochter so warm ums Herz wurde, als sie dem Jungen im Kindergarten von ihren Plätzchen abgab. Gott hat sie so verdrahtet, dass sie dann, wenn sie das Werkzeug seiner Liebe ist, solche Gefühle bekommt.

Gott hat einen Plan mit uns, und unser Morgen hat einen Sinn, der in unser Heute hineinreicht.

Sinn in Trauer und Leid

Der Tod passt nicht zum Leben. In keinem anderen Augenblick verspüren wir das Bedürfnis nach Sinn so stark, wie wenn wir einen lieben Menschen verloren haben. Der Tod erscheint uns so sinnlos, und wenn er zuschlägt (vor allem dann, wenn er es plötzlich oder bei jüngeren Menschen tut), schreit alles in uns: *Das ist nicht recht!* Und wir schreien das, weil es wahr ist. Gott selber sagt uns, dass der Tod eigentlich nicht zu unserem Dasein gehören sollte. Es gibt ihn nur, weil am Anfang der Geschichte die Menschen Gott verließen.

Aber wenn wir eine Beziehung zu Gott haben, kann selbst der Tod einen Sinn bekommen. Gott sagt uns in der Bibel, dass wir den Tod verstehen können, ja, mehr noch, dass wir durch ihn hindurchgehen und trotzdem noch Hoffnung haben können und die Gewissheit, dass Gott nach wie vor alles unter Kontrolle hat. Gott verspricht uns, dass er auch im Tod noch da ist, dass er größer ist als der Tod und dass wir, wenn wir gestorben sind, zu ihm kommen und mit den Lieben, die vor uns zu ihm gegangen sind, wieder vereint werden.

Als meine Eltern innerhalb weniger Monate beide starben, war das ein Riesenverlust, aber kein Grund zum Verzweifeln. Es war ein Anlass zur Trauer, aber auch zum Feiern. Die Menschen, die meine Eltern gekannt hatten, feierten den Sinn ihres Lebens, denn beide hatten ein erfülltes Leben gehabt, das (wie Seligman sagt) im Dienst von etwas Höherem stand, als sie selber waren. Sie hatten Gott und ihren Mitmenschen gedient; jahrzehntelang hatten sie für ihre Umgebung gewirkt, durch die Mitarbeit in Wohltätigkeitsorganisationen und andere Aktivitäten. Ihr Leben zählte und wir feierten das Andenken an dieses Leben – nicht nur in Trauer, sondern auch mit Freude und Lachen.

Aber nicht nur das, sondern wir feierten auch die Tatsache, dass ihr Tod nicht sinnlos war. Der Tod war für meine Eltern ja der Beginn ihres neuen Lebens, das wir mit den Augen des Glaubens sehen konnten. Wir sahen sie im Geiste vor uns – vollständig geheilt, mit neuen Körpern, in ihrer neuen Wohnung im Himmel bei Gott. Das Wissen darum, dass sie ja jetzt erst recht lebendig und glücklich waren, gab selbst ihrem Sterben einen Sinn.

Ich habe im Laufe der Jahre noch mehr Verwandte und liebe Freunde verloren und kann nur sagen, wie gewaltig es ist zu wissen, dass für die, die Gott vertrauen, der Tod nicht das Ende ist. Zu wissen, dass die verstorbenen Lieben ja weiterleben, nur in einer Dimension, die unseren Augen nicht zugänglich ist, ist nicht nur ein riesiger Trost, sondern gibt dem, was sonst der Gipfel der Sinnlosigkeit wäre, einen Sinn. Ohne den Glauben an Gott wäre »alles so sinnlos«, wenn jemand verstorben ist. Aber wenn wir darum wissen, dass Gott ja auch jetzt da ist, auch jenseits des Todes, ja, dass er uns den Tod erklärt hat, können wir selbst angesichts des Todes leben.

Der Glaube an Gott gibt uns einen Sinn, wenn wir leben, wenn wir kämpfen, wenn wir einen lieben Menschen verlieren, wenn wir dienen und wenn wir selber sterben. Kurz: Der große Sinn ist Gott selber, und wenn wir einen Draht zu ihm bekommen haben, lernen wir, warum wir auf dieser Erde sind und was der Sinn von allem ist.

Der Optimismus des Glaubens

Wie glücklich sind Sie, wenn Sie in die Zukunft schauen und nichts als Schwarz sehen? Nicht besonders. Wieder und wieder zeigt sich, dass die Macht des Optimismus nicht nur unser Glücklichsein beeinflusst, sondern auch unsere Leistung und unser ganzes Lebensgefühl. Optimistische und hoffnungsvolle Menschen sind psychisch wie physisch glücklicher und gesünder. Selbst ihr Immunsystem funktioniert besser.[26] Man kann ohne Übertreibung sagen, dass eine optimistische Lebenseinstellung unseren Körper und unser Gehirn »immunisiert«.

Wie unser Kapitel über das richtige Denken gezeigt hat, ist es wichtig, ein positives Denken einzuüben und seinen Denkstil zu verändern. Aber noch stärker ist ein positives Denken, das auf den Glauben an Gott gegründet ist. Wenn wir in unserer Beziehung zu Gott verwurzelt sind, können wir allem, was kommt, mit Optimismus entgegentreten, wissen wir doch, dass Gott etwas Gutes daraus machen und uns sicher durch alle Widrigkeiten hindurchtragen wird. Das hat er uns versprochen.

Und nicht nur das. So viel Unglücklichsein in unserem Leben hat ja mit unserem eigenen Versagen, unseren persönlichen Problemen und Komplexen und der Angst, dass wir uns nicht ändern könnten, zu tun. »Warum kann ich nicht anders sein?«, schreit es oft in unserer Seele, wenn wir wieder einmal versagt oder einen Bock geschossen haben. Die Antwort der Bibel ist eindeutig: »Du kannst!« Gott verspricht uns, uns zu verändern, wenn wir ihn darum bitten. Er verspricht uns, uns nach und nach zu verwandeln und zu besseren, reiferen Menschen zu machen, und die Bibel sagt, dass er damit auch fertig werden wird:

> *Ich bin ganz sicher, dass Gott, der sein gutes Werk in euch angefangen hat, damit weitermachen und es vollenden wird bis zu dem Tag, an dem Christus Jesus wiederkommt. (Philipper 1,6)*

Egal, wie Sie das letzte Mal versagt haben – wenn Sie Gott bitten, Sie zu einem anderen Menschen zu machen, wird er das tun.

Gott hat versprochen, für uns zu sorgen, uns zu führen und zu leiten, uns eine Zukunft und Hoffnung zu geben und uns zu den Menschen zu machen, die wir werden müssen. Wenn das keine Grundlage für ein Leben ist, das so optimistisch und damit so gesund und glücklich ist wie nur möglich! Wie es in der Bibel heißt:

> *Wenn Gott für uns ist, wer kann da noch gegen uns sein? (Römer 8,31)*

Das nenne ich Optimismus! Das Leben meint es gerade gar nicht gut mit Ihnen? Wenn Sie Glauben an Gott haben, können Sie mit einer Hoffnung in die Zukunft schauen, die echt ist, weil sie sich auf jemanden gründet, der viel größer ist als Sie.

Ein letzter Schritt

Ich habe Ihnen gezeigt, was die Wissenschaft über den Glauben sagt. Und die Bibel. Aber jetzt muss ich noch ein Letztes anfügen, das persönlicher ist. Und, wie ich finde, am stärksten.

Ich habe Ihnen oben berichtet, wie Gott der Anker im Leben meines Vaters wurde, als die Ärzte ihn mit einer Diagnose ohne Hoffnung nach Hause schickten. Nun, ich habe in meinem eigenen Leben etwas ganz Ähnliches erlebt. Ich habe dies an anderer Stelle ausführlich geschildert und möchte dies hier nicht alles wiederholen, aber eines möchte ich zu dem Thema »Glaube, Hoffnung und Optimismus« doch sagen.

Als ich meine eigene Reise mit Gott begann, hatte ich wenig Glauben, keine Hoffnung und keinen Optimismus. Es war eine Zeit in meinem Leben, in der ich ganz unten war. Ich hatte wacker versucht, mein Leben auf die Reihe zu bekommen, und schaffte es nicht. Ich wusste nicht, wie es beruflich weitergehen sollte, mit meinen Beziehungen war es nicht besser und ich war sehr depressiv. Keine ideale Startposition, um anderen Menschen zu helfen, geschweige denn dies zu meinem Beruf zu machen.

In diesem Loch der Verzweiflung rief ich zu Gott. Ich bat Jesus, sich mir zu zeigen, wenn es ihn wirklich gab. Wenn er mir helfen würde, so versprach ich ihm, würde ich alles tun, was er mir sagte. Ich will es kurz machen: Er hielt Wort und ich auch. Er zeigte sich mir und ich nahm seine Hand und folgte ihm.

Und er tat bei mir das, was ich Ihnen in diesem Kapitel gesagt habe. Er führte mich, er veränderte mich, er wurde mein Lehrer, er sorgte für mich, er tat alles, was er in der Bibel verspricht. Das ist jetzt kein modernes Forschungsergebnis oder ein alter religiöser Text, sondern es ist das, was ich ganz real erlebte. Gott drehte mein Leben richtig um. Der Mensch, der früher im Loch der Verzweiflung steckte, gibt jetzt anderen seine Hoffnung weiter. Für mich ist das ein Wunder, und wenn Jesus nicht eine Realität wäre, wäre dieses Wunder nicht geschehen und ich hätte damals nicht die Kurve gekriegt. Ohne Jesus würde ich heute noch genauso wenig über das Glück wissen wie damals, und ich wäre nicht in der Lage, anderen Menschen zu helfen, schon gar nicht beruflich! Wenn mir damals jemand gesagt hätte, was ich heute mache und dass ich einmal Bücher über das Glück und die Hoffnung schreiben würde, ich hätte ihn für verrückt erklärt. Und nach den Regeln der Vernunft wäre er das auch gewesen.

Aber der Glaube geht über die Vernunft hinaus, in eine Realität, die man nicht sehen kann. Er erhebt sich über unsere Hoffnungslosigkeit und unser verkorkstes Leben und sieht, *wer und was wir eines Tages werden können, weil Gott da ist.* Die Bibel definiert den Glauben als »die Überzeugung, dass das, was man nicht sieht, existiert« (Hebräer 11,1). Dass man Gott nicht sehen kann, bedeutet nicht, dass er nicht da ist. Haben Sie heute schon Radio gehört? Oder die Mikrowelle benutzt? Jeden Tag sind wir von Radiowellen umgeben, die wir nicht sehen können. Und Gott ist auch da, und er »sendet« uns Botschaften und Kräfte, die unser Leben verändern können – so wir denn unser »Radio« eingeschaltet haben. Und all dies übersteigt unseren Verstand. Und unser Sehvermögen. Aber es ist genauso wirklich wie alles, was wir sehen und anfassen können.

Sie möchten glücklicher werden? Darf ich Sie dann einladen, den kennenzulernen, der alles erschaffen und geplant hat? Gott hat das Leben erschaffen, und Jesus ist in die Welt gekommen, damit wir dieses Leben so führen können, wie Gott es sich gedacht hat. Sie müssen sich nur, wie damals mein Vater, einen Augenblick Zeit nehmen und ihn bitten, in Ihr Leben hineinzukommen. Er wird es tun!

Anmerkungen

[1] Sonja Lyubomirsky, *The How of Happiness* (New York: Penguin Books, 2007), S. 20 f. Dieses Buch ist auch auf Deutsch erschienen unter dem Titel: *Glücklich sein: Warum Sie es in der Hand haben, zufrieden zu leben* (Frankfurt: Campus Verlag, 2008).
[2] Alan Carr, *Positive Psychology: The Science of Happiness and Human Strengths* (New York: Routledge, 2004), S. 32.
[3] Lyubomirsky, *The How of Happiness.*
[4] Ebd., S. 20 f.
[5] Ebd., S. 20-23.
[6] Shankar Vedantam, »If It Feels Good To Be Good, It Might Only Be Natural«, *Washington Post,* 28. Mai 2007.
[7] Elizabeth W. Dunn, Lara B. Aknin, Michael I. Norton, »Spending Money on Others Promotes Happiness«, *Science 319*, no. 5870 (2008), S. 1687 f.
[8] Carolyn Schwartz et.al., »Altruistic Social Interest Behaviors Are Associated With Better Mental Health«, *Psychosomatic Medicine* 65 (2003), S. 778-785.
[9] Sonja Lyubomirsky, *The How of Happiness* (New York: Penguin Books, 2007), S. 197.
[10] Vgl. Lukas 12,15.
[11] Sonja Lyubomirsky, *The How of Happiness* (New York: Penguin Books, 2007), S. 205.
[12] Mihaly Csikszentmihalyi, *Flow: The Psychology of Optimal Experience* (New York: HarperCollins e-books, 1990), 1098-1103.
[13] Martin E. P. Seligman, *Der Glücksfaktor. Warum Optimisten länger leben* (Bergisch-Gladbach: Verlagsgruppe Lübbe/Ehrenwirt, 2003), S. 196 f.
[14] Sonja Lyubomirsky, *The How of Happiness* (New York: Penguin Books, 2007), S. 119.
[15] Ebd., S. 117.
[16] Sonja Lyubomirsky, *The How of Happiness* (New York: Penguin Books, 2007), S. 90.

[17] Alan Carr, *Positive Psychology: The Science of Happiness and Human Strengths* (New York: Routledge, 2004), S. 256.

[18] Sonja Lyubomirsky, *The How of Happiness* (New York: Penguin Books, 2007), S. 172.

[19] Robert N. Bellah, Richard Madsen, William M. Sullivan, Ann Swidler, Steven M. Tipton, *Gewohnheiten des Herzens. Individualismus und Gemeinsinn in der amerikanischen Gesellschaft* (Köln: Bund-Verlag, 1987), S. 92 f.

[20] Martin E. P. Seligman, *Der Glücksfaktor. Warum Optimisten länger leben* (Bergisch-Gladbach: Verlagsgruppe Lübbe/Ehrenwirt, 2003), S. 267.

[21] Sonja Lyubomirsky, *The How of Happiness* (New York: Penguin Books, 2007), S. 228.

[22] Ebd.

[23] Alan Carr, *Positive Psychology: The Science of Happiness and Human Strengths* (New York: Routledge, 2004), S. 222.

[24] Kenneth Pargament, *The Psychology of Religion and Coping* (New York: Guilford, 1997).

[25] Martin E. P. Seligman, *Der Glücksfaktor. Warum Optimisten länger leben* (Bergisch-Gladbach: Verlagsgruppe Lübbe/Ehrenwirt, 2003), S. 388.

[26] Carr, *Positive Psychology.*